DURCH M

NIKLAS MAAK

LEANNE SHAPTON

DURCH MANHATTAN

CARL HANSER VERLAG

Eine Frau, die ein Notizbuch und einen Aquarellkasten bei sich trägt, und ein Mann verabreden sich am Staten Island Ferry Terminal an der Südspitze von Manhattan und kaufen einen Stadtplan. Sie ziehen eine gerade Linie von der Südspitze bis zum oberen Ende der Insel und beschließen, ihr zu folgen.

STATEN ISLAND FERRY TERMINAL I

Wir fingen ganz unten an. Wir trafen uns am Staten Island Ferry Terminal. Wir hatten keinen genauen Plan, nur die Idee, das zu tun, was alle, die nach Manhattan kamen, seit Jahrhunderten taten: an der Südspitze ankommen und dann nach Norden gehen.

Wie erzählt man von einer Stadt – und was erzählt die Stadt, wenn man sie nicht nur nach Punkten absucht, an denen sich etwas Bedeutendes oder Bekanntes befinden soll; was findet man, wenn man nicht einfach Orte aufsucht, von denen man gehört hat, und so einem vorgezeichneten Weg folgt – sondern wenn man einfach losgeht, vom südlichsten Punkt der Insel bis zu ihrem nördlichen Ende, wenn man eine Linie zieht vom Staten Island Ferry Terminal nach oben und dann hinaufwandert entlang dieser Linie bis zur 220th Street, wo der Harlem River Manhattan von der Bronx trennt, entlang einer Linie, die keiner Regel, aber auch nicht dem Zufall folgt, sondern die Bewegung der Besiedlung Manhattans nachzeichnet?

Viele Städte haben ein geometrisches Prinzip, auf dem sie aufbauen, in Paris ist es der Kreis, in Manhattan eine Linie. Manhattan (was in der Sprache der Algonkin-Indianer »hügeliges Land« heißt) wurde entlang einer Linie vom Süden nach Norden besiedelt. 1524 erreichte der Italiener Giovanni da Verrazano die Südspitze, ab 1624 errichteten die Niederländer die Siedlung Nieuw Amsterdam, und je voller es in der kleinen Hafenstadt wurde, desto weiter drangen die nachfolgenden Siedler und die zu Wohlstand gekommenen Pioniere zu den Felsen und Wäldern im Norden vor.

Was wird man finden, wenn man dieser Linie folgt, wenn man die Entwicklung der Stadt im Schnelldurchlauf in wenigen Tagen abläuft, so wie der Körper des Menschen in seiner Entwicklung die Evolution des Menschen vom embryonalen Fisch bis zum aufrecht gehenden Primaten noch einmal durchlebt; was passiert, wenn man die Konfusion der Dinge und Stimmen und Ereignisse und Formen und Gerüche und Geräusche und Oberflächen und Geschichten entlang einer Linie sortiert?

Fast alles, was unsere Zeit prägt, passiert in Manhattan oder bildet sich dort ab, von den Anschlägen des 11. September über die Finanzkrise bis zu den Migrationsströmen und den Demonstrationen der Globalisierungsgegner, von den Reden iranischer Politiker vor der UNO bis zu Donald Trump, von den Überwachungskameras an den Häusern bis zum veganen Essen an den Sandwichständen. Und die Überwachungskameras, die Kartons der Amazon-Lieferdienste, die Autos, die Demonstranten, die Blumenstände, die zugeteerten Löcher, die Liebespaare, die gelben Elektrotaxis, die Türsteher, die Friseurläden, der eisblaue Himmel, die Flugzeuge, die alten Backsteine, der Apple Store, die Schuhe, die Gehwegplatten, die Uber-Wagen, die chinesischen Handyläden, der Trump Tower, der Müll, die Geräusche, die

alten Holzhäuser und die neuen Türme, die Straßen und das nahe Meer, der am Trinity Church Cemetery geparkte Sportwagen, die puertoricanischen Barkeeper, die jüdischen Immigranten in den Washington Heights, die chinesischen Elektroschrotthändler, die Millionäre in ihren Bentleys, die Angestellten in ihren Brooks-Anzügen und die Obdachlosen im Central Park, der Pakistani am Halal-Stand an der Wall Street, der arbeitslose Programmierer im Inwood Hill Park, all die Leute, die man, wenn es dunkel wird, an den Fenstern sieht: Was verraten einem die Menschen und die Dinge entlang dieser Linie, die einfachste Geste, das Rationale schlechthin und zugleich das Willkürlichste, über das Heute, welche Formen nimmt es an, in welchen Dingen zeigt sich unsere Gegenwart, und was ist das für eine Erzählung, die sich aus den Tausenden von Geschichten und Dingen entlang der Linie zusammenfügt?

STATEN ISLAND FERRY TERMINAL II

Das Erste, was man sieht, sind Möwen, die seitwärts durch einen sehr blauen, frischgewaschenen Himmel wehen. Der Wind kam vom nahen Meer und heulte durch die großen blauen Neonbuchstaben: STATENISLANDFERRY. Dahinter die an Stahlketten hängenden Landungsbrücken, die ins Nichts führen und auf Fähren warten. Eine Tafel zeigt die Abfahrtszeiten an: 9:15, 9:30, 10:00. Man sieht die Freiheitsstatue – die weißen Kräne hinter ihr scheinen ihre Armbewegung nachzumachen, wie bei einer surrealen Tanzchoreografie: Die Arme der Industrie folgen der Freiheit.

Am Kiosk gibt es »Payday«-peanut-butter-Riegel, Kondome der Marke Trojan und Stadtpläne, von denen die meisten am Central Park, allerspätestens an der 143rd Street aufhören. Weiter kommt auch kaum ein Tourist.

Hinter den verregneten Scheiben sieht man Ellis Island, wo früher die Immigranten ankamen, eine Insel vor der Insel Manhattan, die durch Landauffüllungen ganz quadratisch geworden ist, ein Auffanglager, das seit 1892 wie ein aufgeklappter Aktenordner vor der Insel Manhattan liegt, mit Gebäuden, die halb wie ein Märchenschloss und halb wie ein Gefängnis aussahen. Wer auf Ellis Island ankam und von Bord ging, war in einem Niemandsland, nicht mehr in der Heimat und noch nicht in Amerika; Manhattan tauchte in Sichtweite auf wie eine Fata Morgana. Bis zu seiner Schließung 1954 kamen 16 Millionen Menschen durch diese Schleuse nach Amerika, die meisten waren Deutsche, etwa sechs Millionen. Aus Italien kamen fünf Millionen, aus Russland und aus der Ukraine dreieinhalb Millionen, aus Großbritannien fünf Millionen, aus Schweden eine Million Menschen – mehr als 6000 pro Tag, deutsche Liberale, die politisch verfolgt wurden, russische und ungarische Juden, die vor Pogromen flohen, Süditaliener, die nach Missernten hungerten. An manchen Tagen warteten 12 000 Menschen vor und auf der seltsamen rechteckigen Insel auf Einlass.

Man nannte die, die ankamen, nicht Flüchtlinge, sondern Auswanderer, ein Wort, das gelassener und souveräner klingt, beim »Auswanderer« denkt man nicht an jemanden, der vor etwas wegrennen muss, sondern an einen Wanderer, der ganz in Ruhe seinen Rucksack packt und sich pfeifend auf einen Ausflug macht und dann, einer Laune folgend, beschließt, nicht mehr zurückzukommen.

Ellis Island, schreibt der französische Schriftsteller Georges Perec, sei im Prinzip »nichts anderes als eine Fabrik zur Herstellung von Amerikanern« gewesen: »Auf das eine Ende des Fließbands stellt man einen Iren, einen ukrainischen Juden oder einen Italiener aus Apulien, und am anderen Ende kommt ein Amerikaner heraus.« Was nicht immer der Fall war: 250 000 Menschen wurden auf Ellis Island abgelehnt, es gab 3000 Selbstmorde.

Im Inneren der großen Ankunftshalle ein blauer, zwölfmal wiederholter Schriftzug: P H O N E .

Es gibt ein Dutzend öffentliche Fernsprecher in der Ankunftshalle, »4 minutes worldwide for 1 Dollar«. Sie stehen dort, während Hunderte von e-mailenden, whatsappenden, twitternden, mit dem Daumen übers Display rasenden New Yorkern achtlos an ihnen vorbeieilen, als stünden hier Verwandte der chinesischen Terrakotta-Armee: Zeugen einer vergangenen Zeit.

Es gibt immer noch öffentliche Fernsprecher in Manhattan, oder wenigstens die Kabinen, während die Hörer hier und da schon abmontiert wurden. In Deutschland war es andersherum, erst verfärbten sich die Zellen von einem gesunden Signalgelb zu einem kränklichen Magenta-Grau, dann verschwanden die Zellen ganz, und das an einer Stange befestigte Telefon blieb schutzlos, wie eine überraschte Person, der man die Kleider vom Leib gerissen hat, am Straßenrand stehen.

Die Telefonzellen am Ferry Terminal haben ihre glatten schwarzen Hörer noch, die nach kaltem Rauch riechen und oft eine unansehnliche weißliche Verfärbung dort tragen, wo man hineinspricht. Der Telefonarchäologe sieht die Kratzspuren am Metall, wo man die Centstücke schaben muss, damit sie nicht durchfallen.

Wenn man an der Telefonkabine steht und die vorbeirauschenden Massen genau beobachtet, kann man zu dem Schluss kommen, dass bald vielleicht nicht nur die Telefonzelle, sondern auch das Telefonieren selbst zu einer aussterbenden Tätigkeit werden könnte – denn auch wenn fast jeder ein Smartphone hat, wird es immer seltener zum Sprechen genutzt.

Das meiste wird per SMS oder WhatsApp als getippte Kurznachricht erledigt – ausgerechnet das Mobiltelefon treibt das Ende der phonetischen Kommunikation voran, den Übergang von einer Kultur des gesprochenen Worts zu einer Kultur des geschriebenen Worts. Bald wird es Mobiltelefone geben, mit denen man gar nicht mehr telefonieren kann, und ans Telefonieren wird man sich erinnern wie an die Zeit, als man noch Eildepeschen und Telegramme verschickte.

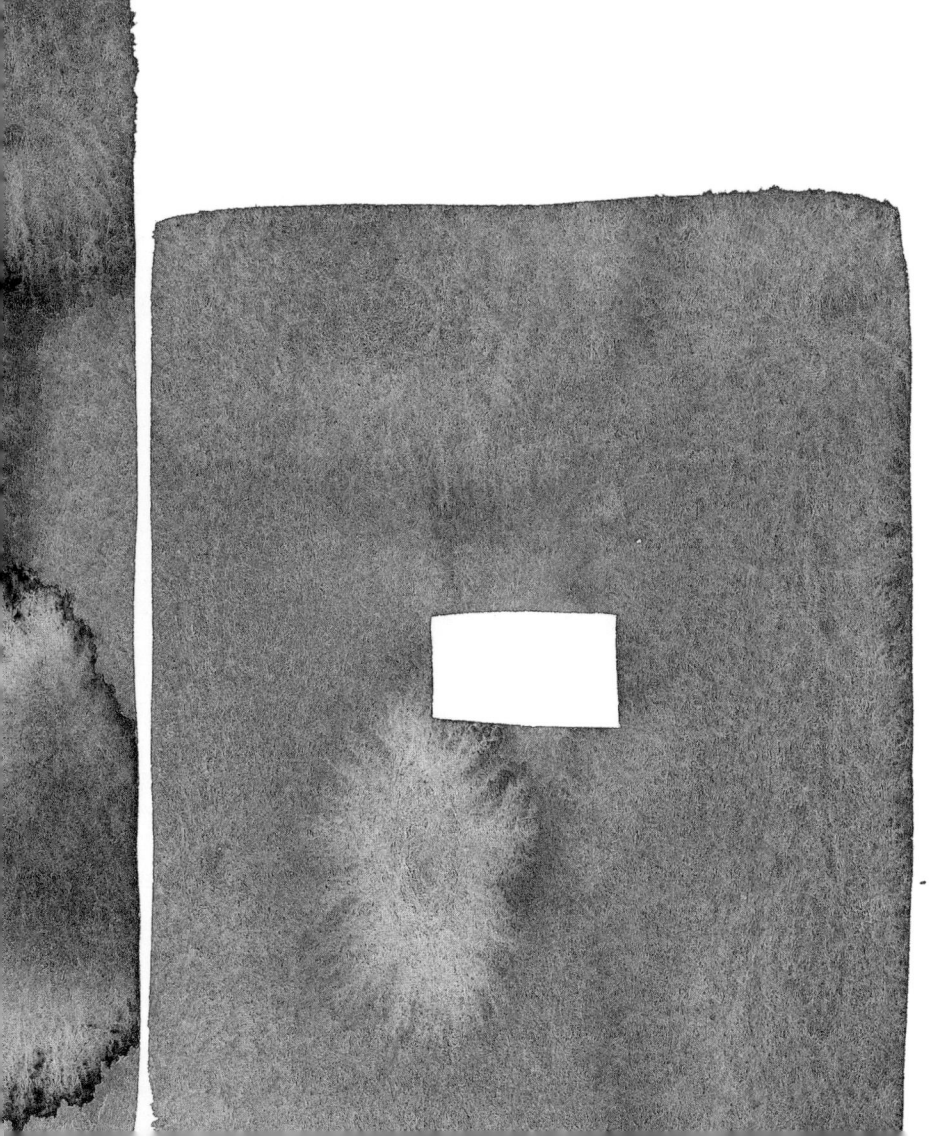

WHITEHALL STREET

An den Häusern von Manhattan, auch
an den teuren, werden selten aufwen-
dige Metall- oder Messinghausnum-
mern angeschraubt, wie es in Europa
selbstverständlich wäre, sondern einfache Aufkleber mit schwarzen, kursi-
ven Zahlen auf goldenem Grund in die
Scheiben oberhalb der Eingangstür
geklebt – ganz so, als erwarte man, dass
sich die Nummerierung jederzeit än-
dern könnte.

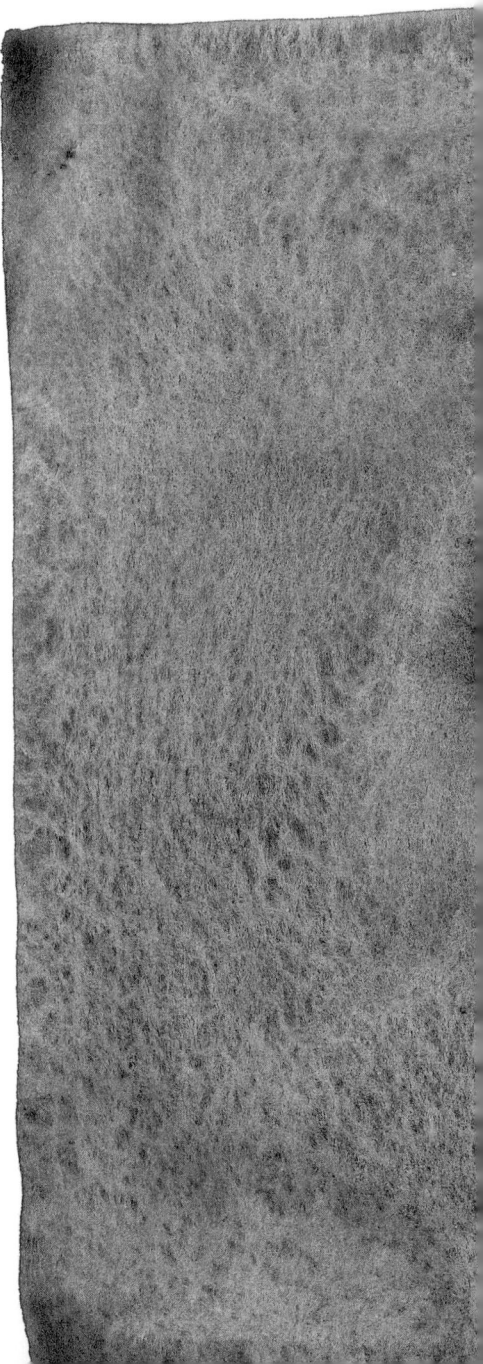

446

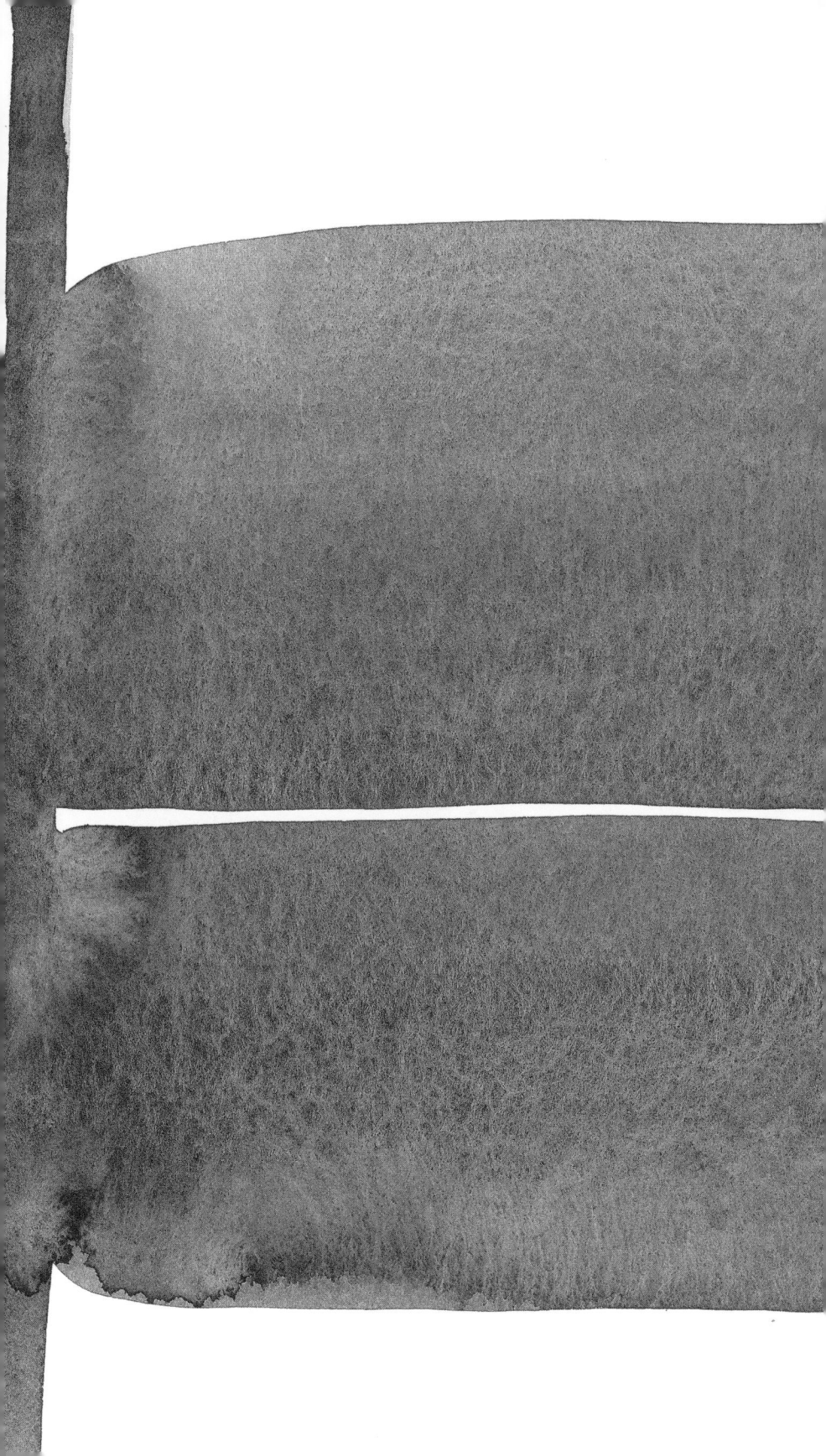

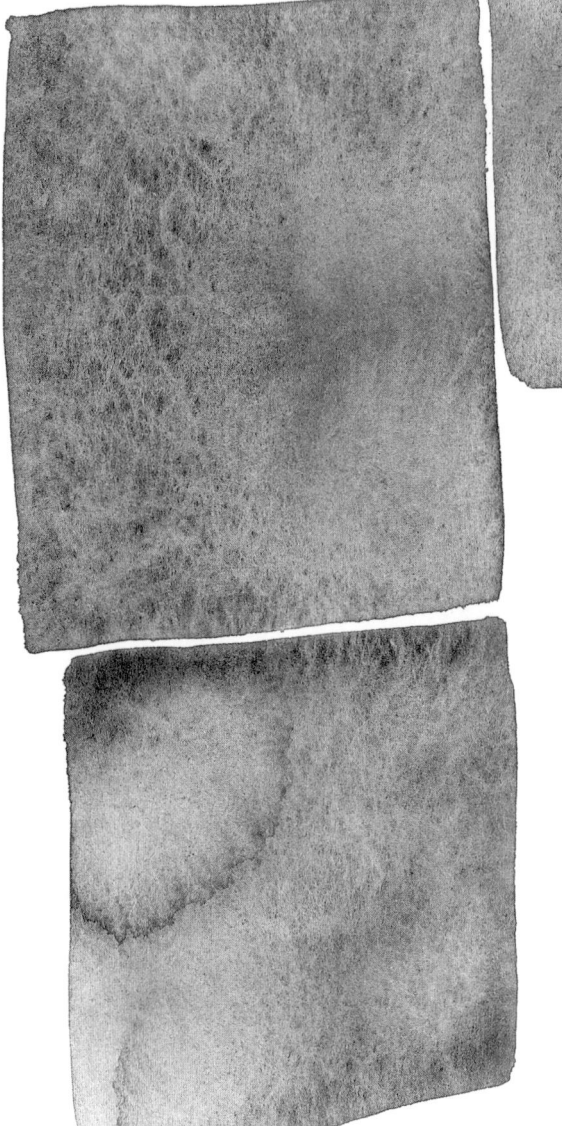

WATER STREET

Die Ampeln hängen an Schnüren über der Straße. Wenn Wind vom Meer aufkommt, schaukeln sie heftig, wenn es stürmt, drehen sie sich so, dass keiner mehr weiß, wer jetzt Rot und wer Grün hat. Sie sind, auf ihre Weise, sehr *libertarian*: Wenn es darauf ankommt, wird der Staat einem keine Orientierung geben.

Eine Plakette: Hier wurde 1633 die erste Kirche von Manhattan gebaut, eine Holzkirche außerhalb des Forts Amsterdam, das die kleine Kolonie mit Zedernpalisaden gegen Angreifer schützte. Im Fort befand sich das Haus des Gouverneurs, davor eine Mühle, deren Stein von Pferden bewegt wurde, und ein Lagerhaus für die Pelze, die die Pelzjäger aus dem Norden brachten. So fing alles an. Aus der Zeit stammt das Wappen der Stadt New York, in dem die Gründe ihres Reichtums zu sehen sind: Windmühlen, Mehlfässer, Biber, ein friedlicher Siedler und ein friedlicher Indianer. Nicht im Wappen zu sehen und nicht auf der Plakette erwähnt sind die Afrikaner, von denen Reverend Bogardus berichtet, die über den Atlantik nach Fort Amsterdam verschleppt wurden und die Kirche bauen mussten.

Das Haus an der Ecke kennt jeder, und jeder Tourist, der mit der Fähre ankommt, muss hier hinein. Das Haus wurde 1719 von dem Hugenotten Etienne de Lancey gebaut, der die gelben Backsteine aus Holland importieren ließ; es war, so gesehen, das erste globalisierte Gebäude Amerikas. Seine Erben verkauften es an Samuel Fraunces, einen in der Karibik geborenen Restaurantbetreiber, der in dem ehemaligen Wohnhaus 1763 »Fraunces Tavern« eröffnete und die Idee des Catering – abgepacktes Essen, das nach Hause geliefert wurde – nach New York brachte. Die Taverne gibt es noch heute; sie ist die älteste von New York. Wenn die Touristen die Geschichten vom Erfindungsreichtum und der Geschäftstüchtigkeit von Fraunces aus der Karibik und seinen zahlreichen Kindern erzählt bekommen, mögen sie ihn, und die Touristenführer freuen sich und erzählen ihnen tunlichst nicht, dass derselbe Fraunces 1778 einen 14-jährigen Sklaven zum Verkauf anbot und auch sonst eine eher unangenehme Figur war.

Überall liegen um diese Zeit am Morgen Tausende brauner Kartons herum, die aus den Delivery Vans auf die Straße getragen werden. Sie türmen sich zu einer kleinen Hochhausstadt aus Online-Retail-Paketen: ein Miniatur-Manhattan aus Kartons. Diese Kartonstadt wächst genauso schnell wie die Metropolen der Welt. Jeden Morgen entsteht für ein paar Stunden eine Hochhausstadt aus Kartons: Delivery City.

Der frühe Morgen, wenn die Sonne gerade aufgeht, ist die Stunde der Delivery Vans, der kleinen weißen Transporter, die all das in die Stadt fahren, was sie zum Überleben braucht.

Die weißen Kleintransporter kommen jeden Morgen. Ohne sie gäbe es keine Zeitungen und keine Blumen und kein Fleisch in den Läden und kein Amazon. Ihre Fahrer sind müde und genervt, sie fahren rückwärts gegen Mülltonnen, quetschen sich an anderen Transportern vorbei, fahren Schrammen und Dellen in ihre Autos, fahren Außenspiegel und Rückleuchten ab, nehmen den Begriff Stoßstange beim Wort, hupen, falls die Hupe nicht auch schon kaputtgefahren ist. Der Sitz eines Transporters ruht auf einem Federbein, damit die Schlaglöcher den Rücken nicht kaputtmachen – es sieht aus wie ein Schleudersitz. Sie fahren nicht zum Spaß, sie arbeiten, und so sehen ihre Kleintransporter auch aus: wie geschundene Arbeitstiere mit Narben und Wunden, verrostet, zerbeult, wie Dinge, die in einen heftigen Meteoritenschauer geraten sind. Der weiße Kleintransporter ist ein Werkzeug: Er darf behandelt werden wie ein Hammer oder eine Kneifzange. Er ist das, was in der Mode der Blaumann oder die Jeans ist: Arbeitskleidung. Aber wie diese unverwüstliche Arbeitskleidung hat auch der unverwüstliche Transporter seinen eigenen Appeal – gerade in einer Zeit, in der bei normalen Autos schon kleinste Stoßstangenrempler unfreundlich teure Reparaturen nach sich ziehen und die Rentner am Ausgang der Waschstraße verbittert kleine Schrammen im Metalliclack ihrer eierförmigen Vehikel bejammern.

Die japanische Theorie des Wabi-Sabi besagt, dass beschädigte, abgewetzte Dinge, denen man ihre Benutzung ansieht, in deren Oberflächen das Leben seine Spuren hinterlassen hat, wertvoller sind als unbenutzte, hochglänzende neue – weil sie beweisen, dass hier gelebt wurde. Auf dem weißen Kleintransporter bildet sich das ganze wüste, intensive Leben von Manhattan in Schrammen, Dellen, Gummiabschürfungen, Durchrostungen und Bekritzelungen der Karosserie ab wie das Leben einer Stadt auf einem Gemälde von Cy Twombly.

BEAVER STREET

Marcia P. ging zum ersten Mal mit ihrem Vater ins Delmonico's. Das war 1977, und sie war 14. Ihr Vater erzählte ihr, dass in diesem Restaurant schon Mark Twain seinen Geburtstag gefeiert hatte. Wenig später starb ihr Vater. Als sie 21 war, führte sie ein Mann namens Tom hierher. Er hielt ihr die dunkle hölzerne Tür zwischen den marmorierten korinthischen Säulen auf, erzählte ihr, dass diese Säulen extra aus Pompeji nach Amerika verschifft worden waren und dass das Delmonico's das Lieblingsrestaurant von Charles Dickens und Oscar Wilde gewesen sei. Später begann sie an der Wall Street zu arbeiten und heiratete Tom, der einen Handel für Baustoffe eröffnete. Sie gingen an den Wochenenden ins Delmonico's, und seit er sie wegen einer neuen puertoricanischen Bekanntschaft verließ, geht sie allein ins Delmonico's und isst dort Eggs Benedict und steht nach dem Frühstück vor der Tür und raucht, ganz so, als sei das hier ihr Laden und sie warte draußen, um ein paar Stammkunden zu begrüßen.

WILLIAM STREET

An der William Street, neben einem Hydranten, im absoluten Halteverbot, sitzt ein Mann – helmartige, noch föhnfeuchte Frisur, grauer Flanellanzug, Manschettenknöpfe – in einem neuen Porsche 911. Unter den Scheibenwischern hängen mehrere orange Strafzettel, jeder kostet 65 Dollar. Der Mann beobachtet ein Café.

Innen, am Fenster des Cafés, sitzt eine Frau mit einer turbulenten Hochsteckfrisur und schaut von Zeit zu Zeit von ihrem Mobiltelefon auf und blinzelt nach draußen. Sie trägt einen mattbraunen Lippenstift. Man weiß nicht, ob die Frau wartet, dass der Mann den Motor abstellt und ins Café kommt. Man weiß nicht, ob der Mann die Frau beobachtet und wartet, bis sie herauskommt. Der Mann hält in der rechten Hand einen *Coffee to go*. Er versucht, den linken Arm ins geöffnete Seitenfenster zu legen und gleichzeitig in der linken Hand sein Mobiltelefon zu halten, was aber misslingt. Er stellt den Kaffee auf das Armaturenbrett; der heiße Dampf lässt die Scheibe auf der Fahrerseite beschlagen.

Hinten auf der Motorhaube des Sportwagens, über dem roten Band der Rückleuchten, steht in selbstbewussten Versalien die Modellbezeichnung 911. Der Ort der Anschläge von 9/11 ist gerade mal ein paar hundert Meter von hier entfernt.

I love my 911: Es ist erstaunlich, wie sich einige Namen halten, wie robust sie ihre Bedeutung und ihr positives Versprechen gegen das Schicksal und dunklere Bedeutungen verteidigen.

27

27

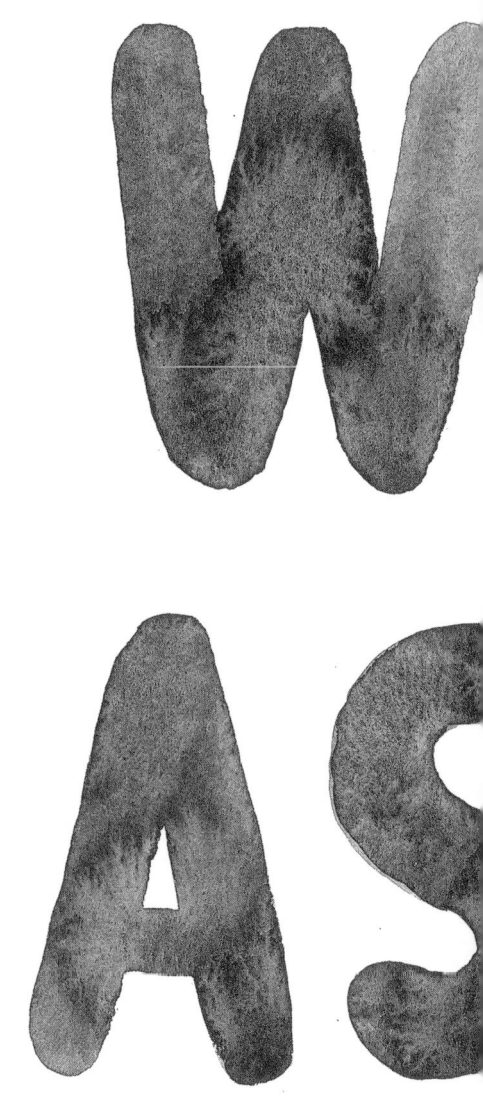

WALL STREET

Christina Gonzalez kommt aus Puerto Rico. Im Fitnessstudio über dem Duane Reade rennt sie jeden Morgen um sieben eine Stunde lang auf dem Laufband. Sie trägt eine iWatch, die misst, wie viel sie sich bewegt. Nachts misst sie sogar die Qualität ihres Schlafs, und teilt es ihr morgens mit farbigen Diagrammen mit. Von Zeit zu Zeit schaut sie besorgt auf das Display, ob das Gerät etwas bestätigt, was sie schon ahnte.

Einmal pro Woche, am Sonnabend in der Früh, macht sie mit einer Gruppe Tai Chi unter der Manhattan Bridge. Man hört dort das Heulen der Autos in der Höhe und das Rumpeln der Züge unter der Erde.

In Richtung Wall Street, an der Haltestelle der Linien 2 und 3, ist die Straße durch Sicherheitsbarrieren blockiert, auf denen S T O P S T O P steht. Auf einer Plakatwand eine Werbung für den Film *Money Monster* mit George Clooney und Julia Roberts. Es geht um einen Wall-Street-Experten, der von einem Opfer der Finanzspekulation gekidnappt und getötet werden wird, wenn er es nicht schafft, den Kurs einer Aktie um 24,5 Punkte nach oben zu treiben. Werbeslogan: »Not every conspiracy is a theory.«

Ein paar Leute mit Aktenkoffern gehen daran vorbei; die Wall Street ist nicht weit von hier. Der Film kam am 13. Mai 2016 in die Kinos, an dem Tag, an dem der Secret Service untersuchte, ob Donald Trumps langjähriger Butler Anthony Senecal, damals 84, tatsächlich auf Facebook gepostet hat, dass man Obama hängen solle, und Obamas Administration amerikanische Schulen anweist, dafür zu sorgen, dass Transgender-Schüler die Toiletten benutzen, die sie nach ihrem subjektiven Geschlechtsempfinden für angemessen halten.

Auf dem Schirm eines Halal-Wagens steht, wie die Ankündigung einer Rache: Kronos.

Sie haben den Platz neu gestaltet. Jetzt gibt es dort Bänke, die von irgendeinem

Designer entworfen wurden und an eine Mischung aus Dinosaurierskelett und Fischgräte erinnern. Der Designer hat sich sehr viel Mühe gegeben, dass sie anders als alle anderen Bänke aussehen. Alles an diesem Platz, die gemusterten Gehwegplatten, die Bänke, die Laternen, ist designt. Kein Winkel, in dem etwas zu finden wäre, was nicht gestylt wurde, überall Gestaltungseinfälle. Dabei mögen Menschen Design gar nicht so sehr. Millionen von Touristen fahren jedes Jahr nach Italien, weil die Städte dort chaotisch sind und die Plätze staubig, die Leute geben viel Geld aus, um an einen Ort zu kommen, wo Autos und Vespas und Caféstühle und Monumente und Zeitungskioske und die Geschichte und das Neue einfach ungestaltet und improvisiert durcheinander stehen. Auf den neuen Plätzen ist dagegen alles glatt und silbern statt, wie früher im Hafen, zu dem das Staten Island Ferry Terminal einmal gehörte, rußig und verwittert und backsteindunkel und schief von den Lasten, die hier über das Kopfsteinpflaster gezerrt wurden; sogar die Bäume stehen stramm, überrascht von einem silbernen Ring, der ihnen über den Stamm gezogen wurde.

Das neue Design macht klar, dass an diesem Ort nicht gearbeitet wird, dass er gründlich desinfiziert wurde und abwaschbar gehalten werden muss, es ist eine schmutz-desinfektorische und menschenabweisende Stadtoberfläche, die da erfunden wird. Dass die Bänke lustige Buckel machen, ist ein Designerscherz, der offenbar der Kälte des Ganzen entgegenwirken soll.

Im ersten Stock des Trump Building hat jemand seinen Schreibtisch ans Fenster gerückt und Hunderte von Post-its so ins Fenster geklebt, dass man fast nicht mehr durch die Scheiben schauen kann. Das Art-déco-Hochhaus, das der Architekt H. Craig Severance für die Bank of Manhattan baute, war 1930 für ein paar Wochen der höchste Wolkenkratzer der Welt, aber Severances Feind und früherer Büropartner, der Architekt William Van Alen, hatte alle getäuscht, die dachten, das von Van Alen entworfene und ein paar Wochen später fertiggestellte Chrysler Building sei geringfügig niedriger. Kurz vor der Eröffnung ließ Van Alen eine im Inneren der Gebäudekrone des Chrysler Building heimlich montierte, 56 Meter hohe, tonnenschwere Stahlspitze aus dem fast fertigen Dach herausschieben. Wegen dieser geisterhaften Erektion übertrumpfte das Chrysler Building nicht nur die Bank of Manhattan, sondern sogar den Eiffelturm. (Nur ein Jahr später kam das Empire State Building auf 381 Meter.)

Wie eine Farce, die sich später als Tragödie wiederholen würde, flog am 20. Mai 1946 ein Flugzeug bei dichtem Nebel in den 58. Stock des Bank of Manhattan Building. Die fünf Insassen der kleinen Beechcraft-Propellermaschine der US Air Force starben. Es war der zweite Einschlag eines Flugzeugs binnen eines Jahres, im Juli 1945 war ein B-25-Mitchell-Bomber in den 78. Stock des Empire State Building geflogen, die Besatzung und elf Angestellte starben.

Auch die Fahrstuhlführerin Betty Lou Oliver wurde verletzt und von Rettungskräften in einen scheinbar heilen Aufzug gebracht. Dessen Kabel rissen in Höhe des 75. Stocks. Oliver überlebte und erhielt einen Eintrag im Guinness-Buch der Rekorde für den längsten überlebten Fahrstuhlabsturz.

Das Bild des brennenden Hochhauses brachte den Essayisten E. B. White 1948 zu der düsteren Prognose, dass »die Stadt zum ersten Mal in der Geschichte zerstörbar ist – ein einziger Flug von einem Schwarm Flugzeuge, nicht größer als ein Gänseschwarm, kann die Türme verbrennen und die Brücken zusammenstürzen lassen und die Unterführungen zu tödlichen Kammern werden lassen … die Einschüchterung der Sterblichkeit ist jetzt Teil von New York.«

Donald Trump kaufte den Turm 1995 von Ferdinand E. Marcos, dem ehemaligen Präsidenten der Philippinen, nachdem dessen Konten in Amerika gesperrt worden waren.

CAN

SODA

WATER

COFFEE

TEA

Shiqing ist zum ersten Mal in New York. Sie ist 21. Sie geht über die Wall Street, aber anders als andere Touristen will sie nicht zum Ground Zero. Sie kennt 9/11 aus ihren Geschichtsbüchern, sie hat keine Erinnerung daran, sie war sechs, als es passierte. 9/11 ist ihr egal. Sie will Zuccotti Park sehen. Wenn man sie fragt, was für sie das große, das entscheidende Ereignis ihrer Jugend war, dann sagt sie, Occupy Central in Hongkong und Arab Spring. Sie trägt weiße Strümpfe und einen Button, der Che Guevara darstellt: Geschenk eines Jungen, den sie hier kennenlernte.

Jemand hat eine Art Gedenktafel für die Occupy-Bewegung mit Fotos aus dem Jahr 2011 aufgestellt. Man sieht das berühmte Foto der jungen Frau, die ein Goethe-Zitat in die Luft hält (»Niemand ist mehr Sklave als der, der sich für frei hält, ohne es zu sein«), die Guy-Fawkes-Masken, man sieht auf diesen Bildern, in den Gesichtern, die Wut über die vollendete Entleerung und Erschöpfung und die Schulden und die Schuld der Politik am matten Weiterlaufen des ganzen desaströsen Systems nach dem Crash von 2008 – das Singen und die Megafone, die Auftritte mit den Rückkoppelungen, *we are, fuuuuuuhp, the ninty-nine percent*, die Bilder sehen oft aus wie aus dem Fußballstadion, Arme hoch, Arme um Nachbarn gelegt, Münder weit aufgerissen, Fäuste in der Luft, nur dass hier Capitalism Unchained gegen 99 Percent spielt. Die Euphorie des Moments: Lärm machen, marschieren, auch: gefilmt werden, im Internet gepostet, verlinkt werden, die Likeokratie ausnutzen und umdrehen und die Leute aktivieren, nicht nur zu liken, sondern auch mit Zelten und Transparenten und Megafonen loszufahren und zu kampieren im Raum zwischen Bäumen und Banken und schwarzen Geländewagen, die das eine Prozent vollklimatisiert abtransportieren zum nächsten Meeting oder nach Hause in den smarten Wohnturm am Hudson River – und damit wieder Bilder zu produzieren, die durchs Netz gehen.

Einer, im Café an der Wall Street, befragt, wo von hier aus der Zuccotti Park sei, sagt, dort sei der Park, und zeigt nach links, es gäbe aber eigentlich nichts zu sehen dort – ja, Occupy, schon klar, aber man möge bitte auch mal sehen, dass die 99 Prozent ganz gut führen mit dem, was für sie übrig bleibe von dem, was das eine Prozent mit seinen 30 Prozent Mitarbeitern so veranstalte.
But the Verteilungsgerechtigkeit? (Wie heißt die jetzt noch mal auf Englisch; immer wieder Frustration über die Grenzen des eigenen Vokabulars.) Im November 2011 waren die Schilder mit dem Slogan »The 99 Percent will not be silent« überall. Im November 2016, genau ein halbes Jahrzehnt später, wurden Schilder hochgehalten, auf denen stand: »The silent majority stands with Trump.«

Man geht um die Ecke, und man ist in
Florenz. Jedenfalls fühlt es sich in der
schräg stehenden, staubigen Morgen-
sonne so an, und das liegt nicht so sehr
an den kleinen Fiat 500ern, die sie jetzt
in New York so gern fahren, sondern
am Gebäude der Federal Reserve, dessen vergitterte Fenster sehr grafische
blaue Schatten auf die rustizierten Sockel werfen (kein Wunder, dass L. diese
Fenster fotografiert). Der Sockel ist so
pompös und burgfestungsartig wie der
des Palazzo Medici Riccardi, den sich
die Architekten York and Sawyer 1924
zum Vorbild nahmen, als sie, schon im
Bauhausjahrzehnt, diese Burg hier für
die Federal Reserve Bank of New York
bauten, die einen der berühmtesten und
bestgefüllten Tresore der Welt besitzt –
26 Meter unter dem Meeresspiegel auf
den Felsen Manhattans befinden sich
8000 Tonnen Gold in Barren, mit einem Wert von rund 272 Milliarden Dollar die größte Gold-Lagerstätte der
Welt. Das Gold gehört 60 verschiedenen Staaten, die es hier einlagern lassen.
Die Straße heißt Maiden Lane, weil hier
früher die Mägde die Wäsche wuschen.
Es gab hier 1712 auch einen Sklavenauf-
stand, bei dem neun weiße Männer und
Frauen getötet wurden. Die Patisserie
verkauft in Schokolade getauchte Erd-
beeren in Papiertüten.
Das Gebäude daneben gehört auch der
Federal Reserve und sieht auch aus wie
Italien, allerdings wie das faschistische
Italien des römischen EUR-Viertels, mit
weißen Monumentalbögen im hellen
Backstein. Es wurde 1984 von Philip
Johnson entworfen.

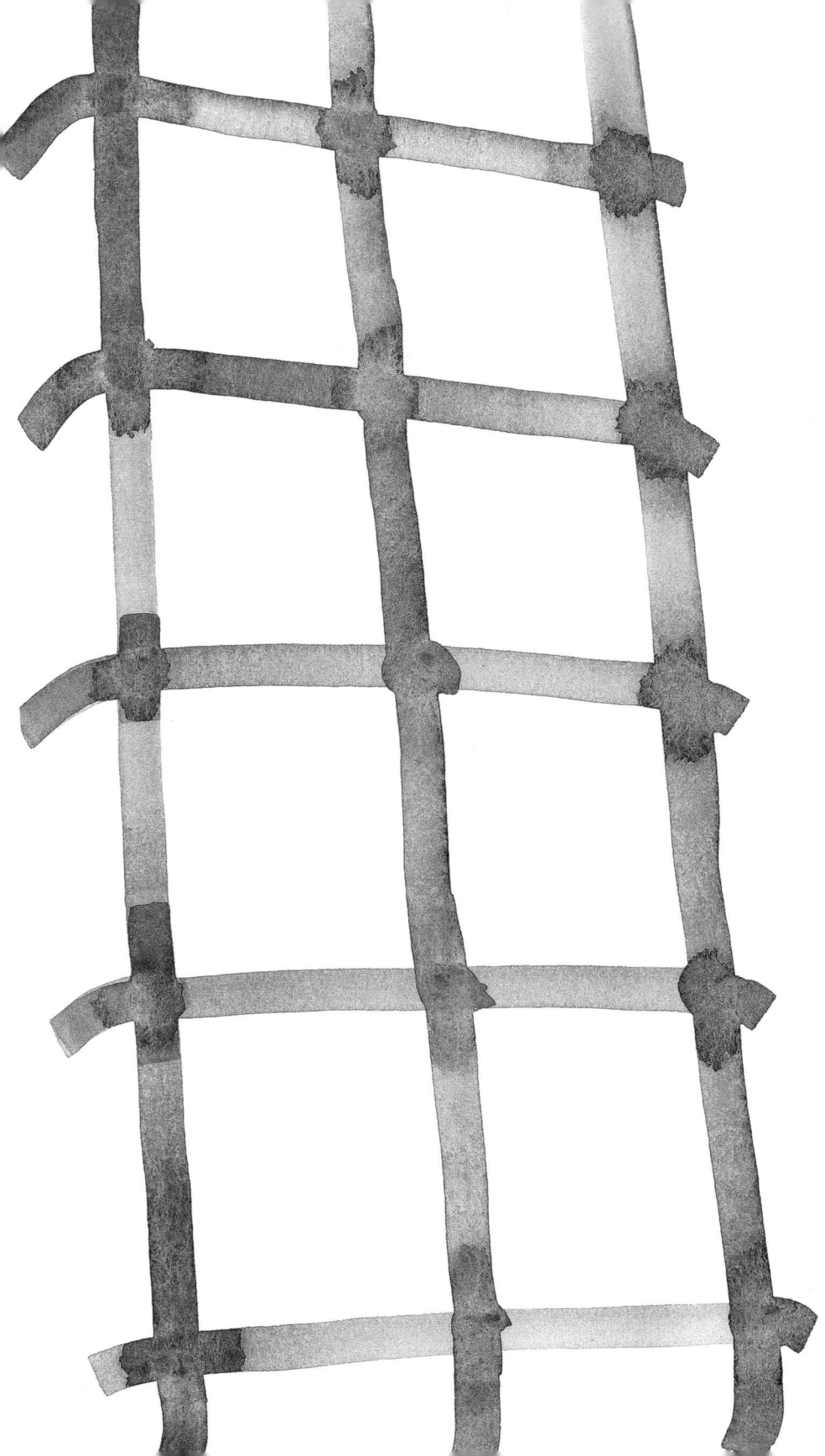

NASSAU STREET I

Im Proof Coffee Roaster Shop sitzen zwei junge Männer. Sie sehen nicht wie Broker aus, eher so, als ob zumindest einer von ihnen von einer der erfolgreicheren PR-Agenturen, die hier ihre Büros haben, eingestellt worden ist. Eine schmale, hellblonde Frau mit einer turbulent hochgesteckten Frisur verabschiedet sich von ihnen; sie trägt Lederleggins, Motorradstiefel und eine Art weißen Flokatimantel, der sie wie eine Kumuluswolke umhüllt.

Die Männer trinken einen Kaffee, greifen verlegen in ihre gepflegten Bärte und starren durch die Scheibe auf die John Street.

– Er hatte bisher ja immer nur Yoga gemacht, sagt der eine, er war ein bisschen fanatisch mit Yoga, aber ich meine, es tat ihm gut, es war sehr gut für seinen Körper, er konnte absolut irre Sachen machen.

– Ja?

– Absolut. So eine Brücke rückwärts, und dann die Spannung halten. Und den Fuß hinter den Kopf.

Der Größere sagt eine Weile nichts und macht mit dem Fingernagel ein paar Kerben in den weichen Rand seines Pappbechers.

– Und was will er jetzt machen?

– Ayahuasca. Er war das ganze Wochenende weg in einem Camp. Sein Guru kommt aus Vermont, sie treffen sich und kochen einen Sud aus einer Liane und noch einer Pflanze oder so, die Indianer am Amazonas versetzen sich in eine Art Trance damit. So eine Art Trip.

Der linke Bärtige macht ein bedenk-
liches Gesicht.
– Kann er nicht einfach MDMA und
Koks nehmen wie alle normalen Menschen?
– Das findet er jetzt gesundheitsschäd-
lich. Er trinkt auch nichts mehr. Er
nimmt nur noch Ayahuasca. Er sagt, er
kann besser arbeiten seitdem, er versteht die Natur besser. Ein Baum habe
ihm etwas sagen wollen. Man hört alles
besser und sieht psychedelische Sachen,
und die Wolken tupfen einem das Gesicht ab, sagt er, manche sind ganz ruhig
und glücklich, andere schreien erstmal
und schwitzen und wollen sich ent-
schuldigen für alles. Die werden dann
abgeführt in einen anderen Raum.

Wir waren zwei Minuten vom Zuccotti Park weg, der ja kein Park ist, sondern ein Platz, auf dem ein paar dürre Bäume und Bänke und Treppengeländer wie Hindernisse herumstehen, damit man schlechter demonstrieren kann. Bürgermeister Bloomberg wurde für das »City Improvement« sehr gelobt, für die Parkbänke und Büsche, die er überall aufstellen ließ und die jetzt all die Plätze verrammeln, auf denen man sich hätte versammeln können. Das Ideal der Bloomberg-Stadt ist der flanierende, schauende, kontemplative oder touristisch staunende Stadtbetrachter – nicht der Bürger, der sich zum Demonstrationszug zusammenrottet.

Seit der Antike haben Herrscher immer wieder das Zentrum von Plätzen mit Reiterstandbildern oder Brunnen blockiert, als Zeichen dafür, wer im Zentrum steht und das Sagen hat. Wie schwer es ist, in Manhattan gegen etwas zu demonstrieren, zeigte sich bei den Protesten gegen Donald Trump: Die Demonstranten zwängten sich im Gänsemarsch an Autos und Fußgängern vorbei und waren kaum sichtbar. Und auch als die Occupy-Wall-Street-Bewegung sich zu Märschen versammeln wollte, bekam sie das zu spüren – vor lauter Hecken und Bänkchen kam sie

kaum voran. Das Stadtmobiliar, das als Verbesserung der Lebensqualität angepriesen wird, die Tausende von Zäunchen und Bänklein und Brunnen und Spielgeräte und Sandkisten und Kioske und Treppenhäuser, sind auch als Stadtverhübschung getarnte Barrikaden. Früher hieß Zuccotti Park *Liberty Plaza*, wurde aber 2006 umbenannt nach John E. Zuccotti, dem Vorstandsvorsitzenden der Eigentümergesellschaft, der das benachbarte Hochhaus gehört. Vom Platz der Freiheit zum privaten Immobilienbesitzer: kein gutes Omen für einen öffentlichen Platz. Dann kamen 2011 die Occupy-Demonstranten, die das eine Prozent fragen wollten, wie es mit den 99 Prozent weitergehen soll.

Es heißt immer wieder, Occupy sei folgenlos gewesen, habe nichts verändert, sei bloß eine Art Stichflamme gewesen et cetera. Aber auch wenn man mit Studenten spricht, die nach 1994 geboren wurden, sagen sie, wenn man sie fragt, was das prägende politische Ereignis in ihrem bisherigen Leben war: Occupy. (Der Mauerfall und 9/11 sind für sie so historisch wie Watergate oder der Vietnamkrieg.) Vielleicht wird Occupy für sie das sein, was für diejenigen, die vor einem halben Jahrhundert jung waren, die Ereignisse des Jahres 1968 waren.

FULTON STREET

Man sieht den Freedom Tower mit seiner seltsamen Fassade, die aussieht, als hätte man die zwei Türme kopfüber ineinander gesteckt. Die Twin Towers, die immer dastanden wie ein sich selbst reproduzierendes System, das seine eigenen Wiedergänger herstellt, und nicht mehr zwischen Original und Kopie unterscheiden kann und nicht mehr sichtbar macht, was wovon abgeleitet wurde, waren ein besseres Bild für die derivative Spielart des Kapitalismus, der hier entworfen wurde.

NASSAU STREET II

Von weitem sehen sie aus wie Straßenlaternen, schwarze Bogenleuchten, nur erhellen sie nichts, sondern sammeln Bilder: schwarze Augen, die alles erfassen. Genau genommen unterscheiden Überwachungskameras sich gar nicht so sehr von der Straßenbeleuchtung, die es in Paris schon seit 1667 gab, damals ließ Ludwig XIV. die Straßen mit Öllampen erleuchten, um besser kontrollieren zu können, was nachts auf der Straße vor sich ging. Jeder, der durch Manhattan geht, wird Hunderte von Malen gefilmt, die Bilder werden irgendwo gespeichert, irgendwo gibt es diesen monumentalen Film, der so lang ist wie das Leben selbst und den kein Einzelner mehr sehen kann.

Die Kameras sind überall. Auch die Autos, die in der Straße parken, haben zwischen den Scheinwerfern im Kühlergrill ein drittes Auge, das die Straße filmt und den Film in die Windschutzscheibe einspiegelt. Diese neuen schwarzen Augen tauchen überall in der Stadt wie die Augen von Gespenstern auf, so unsichtbar und so omnipräsent wie das, wogegen sie kämpfen: den Terror, den möglichen Tod.

Die Stadt ist ein Wald mit Tausenden von Kameraaugen geworden, der sich ständig selbst filmt und einen Film von New York herstellt, den niemand je in seiner vollen Länge sehen wird – und dieser unsichtbare Film ist vielleicht das eindringlichste Symbol eines Jahrzehnts der Unsichtbarkeit, das 2001 begann, in dem Jahr, in dem mit dem internationalen Terror ein Albdruck ständig gegenwärtiger, aber unsichtbarer Gefahr auftrat. Jedes geparkte Auto konnte eine Sprengfalle sein, in jedem Paket konnte Anthrax stecken. Der Terror des Unsichtbaren fand eine Parallele in den Finanzmärkten, an denen sich scheinbar erkennbare Werte als Illusionen entpuppten; schließlich beendete im japanischen Fukushima die unsichtbar ausströmende Strahlung den Glauben ans Atom. In dieser Zeit durchgehend bedrohlicher unsichtbarer Phänomene, von 2001 bis 2011, wirkten die vielen Sichtbarmachungsaugen der Großstadt auf eine sich nach Sicherheit sehnende Gesellschaft so erfreulich wie die Tausende von leuchtenden Fenstern früher auf eine Welt, der die Großstadt Abenteuer und Freiheit versprach. Jedenfalls gibt es kaum Randale oder Sabotageakte gegen die Dauerverfilmung des Lebens.

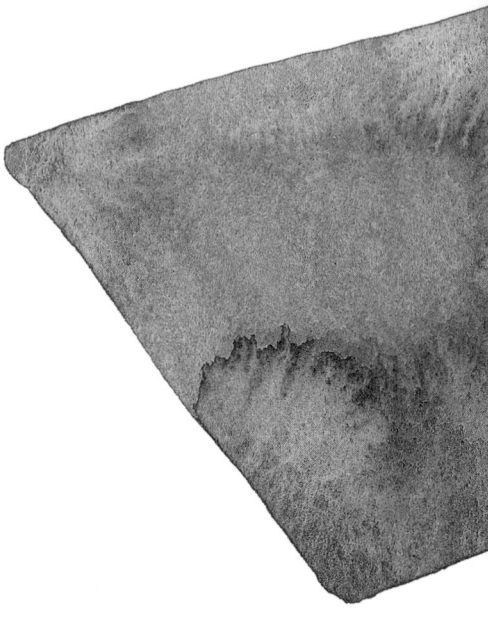

NASSAU STREET III
Die Muster im Teer sehen aus wie
seltsame Phantasielandschaften.
Bei Le Coiffeur kostet ein Haarschnitt
75 Dollar und eine Haarglättung –
Permanent thermal straightening –
450 Dollar.
Was da so viel Geld kostet, wird immer
mehr zu einem Politikum. Die Geschichte der Haarglättung ist auch eine
Geschichte erzwungener Anpassung,
die davon handelt, wie Afroamerikaner
sich und ihren Kindern jahrelang Che-
mikalien, Glätteisen, kopfhautverätzen-
de Glättpasten auf den Kopf taten, um
weniger schwarz auszusehen und damit
ihre Chancen unter all den Rassisten
im amerikanischen Alltags- und Berufs-
leben zu erhöhen.
Früher sprach man von »Good Hair«,
womit »glattes Haar« gemeint war,
Haar, wie es die Weißen hatten. Krause
Haare gelten immer noch als politische
Kampfansage, wie auch Beyoncé feststellen durfte, deren Tänzerinnen bei
ihrem Superbowl-Auftritt Afros trugen
wie Ende der sechziger Jahre die Mitglieder der Black Panther Party oder
Jimi Hendrix oder der junge Michael
Jackson und prompt als »militant« be-
schimpft wurden.

Noch letztes Jahr hatte eine High-
school in Kentucky versucht, »black
hairstyles«, Afros und auch Dreadlocks,
als »inappropriate« zu untersagen.
Gegen die symbolische Selbstumfor-
mung treten Websites wie naturallycur-
ly.com an, wobei aus dem »big chop«
auch schon wieder ein Dogma gemacht
und selbst Michelle Obama dafür kriti-

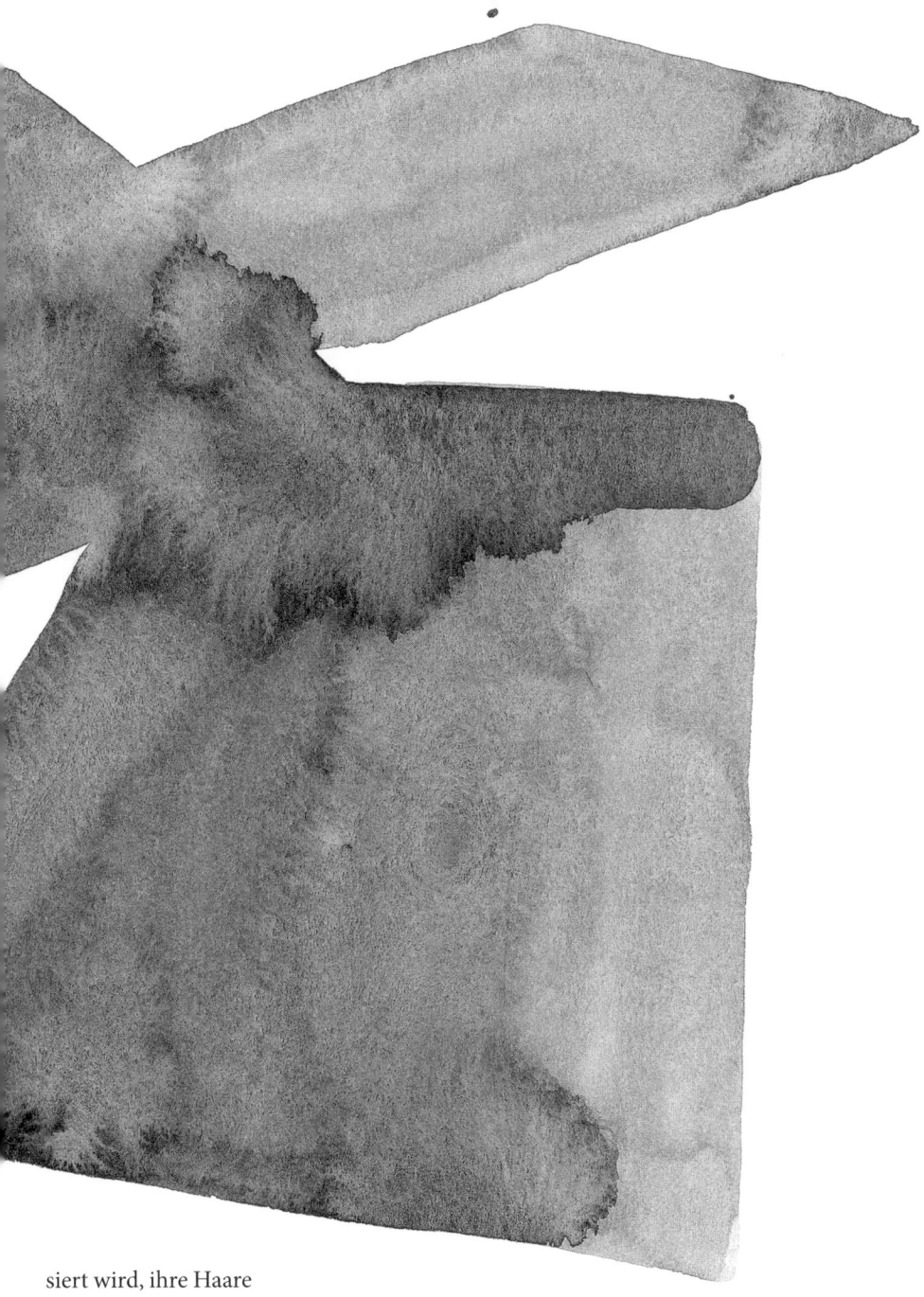

siert wird, ihre Haare
geglättet zu haben und so junge Afroamerikaner zu entmutigen, ihre Haare
»natürlich« zu tragen, als gäbe es eine
moralische Verpflichtung dazu, sein
Haar so zu tragen, wie es wächst – ein
Vorwurf, der keinem weißen Dauer-
wellenträger je gemacht wurde.

Man sieht hier das Hochhaus 56 Leonard Street von Herzog & de Meuron, 250 Meter hoch, 145 Wohnungen, 58 Etagen, dessen Form an einen Stapel Bücher erinnert, der jeden Moment umkippen kann. Warum winden und drehen sich fast alle neuen Hochhäuser, als sei ihnen ihre Höhe unangenehm, warum diese Ästhetik der vorweggenommenen Beschädigung?

Die amerikanische Mythologie des 19. Jahrhunderts war vom Treck nach Westen geprägt, die Helden des 19. Jahrhunderts waren Helden der Horizontale, die Cowboys, die das Indianerland eroberten, die Eisenbahnbauer. Mit Beginn des 20. Jahrhunderts folgte dieser horizontalen Expansion das Abenteuer der Vertikale: Das Amerika des 20. Jahrhunderts eroberte mit Hochhäusern und Mondraketen die Senkrechte, die amerikanischen Helden des 20. Jahrhunderts waren Helden der Vertikale. Heute sind klassische Hochhäuser bestenfalls Symbole für den schrillen Geschmack sonderbarer Wüstenstaaten. Kann es sein, dass der Unterschied der Türme, die sie in den sechziger Jahren bauten und die mit ihren Rasterfassaden schnurstracks und schnörkellos in die Höhe rasten, und denen, die sie jetzt bauen und die sich drehen und winden und mit verknoteten Betonbeinen dastehen wie jemand, der mal aufs Klo muss – dass dies der Unterschied ist zwischen einer Epoche, die an die Schönheit der Vertikale, an Hochhäuser und Mondraketen glaubte, und einer,

die keine richtige Richtung mehr hat außer einem mäandrierenden Wunsch, auf keinen Fall zu langweilen?

Dabei wollen sie jetzt auf den Mars. Elon Musk, der CEO von Tesla, baut an einer Rakete, mit der der Mars kolonialisiert werden soll. Aber hat jemand einmal an die epochale, durch nichts überbietbare Langeweile gedacht, die ein neunmonatiger Flug auf den Mars bedeutet; mit welchem Menschen will man neun Monate lang in einer Röhre sitzen? Schon längere Autofahrten wirken wie ein Katalysator: Wer wissen will, ob er wirklich mit jemandem befreundet ist oder mit jemandem zusammenleben will, oder nur, ob er jemanden wirklich mag, sollte mit dieser Person einfach von München nach Bordeaux oder von Berlin nach Rom fahren und genau darauf achten, ob er sich nach zwei Stunden unauffällig aus dem Auto rollen will, oder vor Langeweile immer schneller fährt, damit es bald vorbei ist – oder eben nicht. Nach einem Flug zum Mars weiß man es ganz bestimmt, nur kann es dann zu spät sein, wenn etwa die Rakete dort von einem der häufigen Meteoritenschauer getroffen wird. Dann muss man noch mal neun Monate auf den Abschleppdienst warten, im besten Fall.

Im Café Pisillo, das die Italienerin Antonella Silvio und der Italiener Carmelo
Nazzaro vor ein paar Jahren eröffnet
haben, sieht alles so aus wie in den Bars
von Silvios Heimatort Sant'Agata de'
Goti, einer kleinen Bergkommune
oberhalb von Neapel. Von dort stammt
auch der Großvater des New Yorker
Bürgermeisters Bill de Blasio, der
manchmal aus der City Hall auf ein
Panino bei Antonella Silvio vorbei-
kommt. Im Fenster ein Aufkleber:
»Padre Pio pray for us«.

Im Laden daneben – eher einem Lager
als einem Laden – werden Wollanzüge
für 99 Dollar verkauft. Die braun geölte
Holztür ist unten fast weiß, Folge der
Tatsache, dass jeder sie offenbar mit
dem Fuß aufstößt, weil er mit den Armen Kisten trägt.

Ein Laden verkauft Aquarien und Ter-
rarien für Reptilien, mit »Night Black
Heat Bulb«; ein Mann mit schütteren
grauen Haaren kauft eine Art Katzen-
streu für Reptilien und huscht danach
hektisch aus dem Laden. Er würde es
mit nach Hause nehmen und dort den
Käfig seines Salamanders säubern –
es sah nicht nach einer glücklichen Geschichte aus. (Aber vielleicht täuschte
das auch nur, vielleicht würde er später
mit seiner Frau nach New Jersey zu den
Kindern fahren und mit seinem Enkel
ein neues Terrarium bauen. – Gut, es
sah nicht so aus.)

Vor einem Haus aus dem späten
19. Jahrhundert, das von Thor Equities
in ein Luxusbürogebäude verwandelt
wurde, parkt ein Dodge-Ram-Truck.
Man kann diese Autos scheußlich finden mit ihren verchromten Kühlern,
die so groß sind wie das Gatter einer
texanischen Ranch, und ihren groben
Türscharnieren und ihren fabrikschlot-
großen Auspuffrohren und dem Ge-
donner ihrer Motoren, das jedes Gewitter über den Appalachen verstummen
lässt. Aber in jedem dieser Autos steckt
noch das Versprechen der robusten
Planwagen, mit denen die Siedler nach
Westen zogen, die Euphorie des Selbst-
zusammengenagelten und grob Gezim-
merten, die Ethik des *Make a living*, die
die Betonung aufs Machen legt. Der
riesige Dodge Ram, der auch von Leuten gefahren wird, die keine Farm und
keine Tischlerei haben, ist eines der
meistverkauften Autos in Nordamerika.
Viele haben einen »Make America great
again«-Aufkleber hinten auf der Stoßstange. Der Werbeslogan für den Truck
selbst lautet: »To the Farmer in All of
Us«.

ANN STREET

Hier sieht man das 57 Geschosse hohe Woolworth Building, das mit seinen Wasserspeiern und Stützpfeilern und Ecktürmchen und seinem Tympanon aussieht, als habe man ein paar gotische Kathedralen und ein paar alte Tempel falsch zusammengebaut. Es war, als es am 24. April 1913 eingeweiht wurde, das teuerste und höchste Haus der Welt. Frank Winfield Woolworth, Sohn des Kartoffelbauern John Hubbell Woolworth, hatte es bar bezahlt, Präsident Woodrow Wilson setzte die Beleuchtung über eine Fernleitung vom Weißen Haus aus in Gang.

Woolworth hatte sein ungeheuerliches Vermögen mit Läden gemacht, in denen alles fünf, maximal zehn Cent kostete, die bei Einwanderern sehr beliebt waren. Von seinem Geld baute sich Woolworth einen Landsitz mit 56 Zimmern, den er nach sich selbst Winfield Hall nannte. Woolworth hatte zwei glückliche und eine unglückliche Tochter, die sich 1918 erhängte. Sie hinterließ ein damals fünfjähriges Kind, das ihr Vermögen von 50 Millionen Dollar erbte. Weil der Vater des Kindes sich nicht kümmern wollte, kam sie zu ihrem Großvater, der jedoch auch bald starb. So begann die traurige Geschichte von Barbara Hutton, die den Prinzen Alexis Mdivani heiratete, den sie nach der Hochzeitsreise wieder verließ und der sich nicht viel später in einem Rolls-Royce, den sie ihm geschenkt hatte, totfuhr. Im gleichen Jahr heiratet sie den dänischen Grafen Kurt von Haugwitz-Hardenberg-Reventlow, mit dem sie einen Sohn bekommt und der sie 1938 verlässt. 1942 heiratet sie dann den Schauspieler Cary Grant, der lieber Filme drehte, als zu Hause zu sein. 1948 heiratet sie den Prinzen Igor Troubetzkoy, verliebt sich dann aber in den dominikanischen Playboy Porfirio Rubirosa, dem sie einen Ferrari und drei Millionen Dollar Abfindung zahlt. Eine Ehe mit dem deutschen Tennisstar Gottfried Freiherr von Cramm hält immerhin sechs Jahre, die Ehe mit dem laotischen Prinzen Raymond Doan Vinh ein Jahr weniger. 1979 stirbt Hutton im Alter von 66 Jahren in Los Angeles. Bei ihrem Tod befinden sich auf ihren Konten noch knapp 3500 Dollar.

CITY HALL PARK

Dort taucht die Brooklyn Bridge auf, die den Verkehr von der Insel nach Osten absaugt, ein Monstrum, das zwischen den Häusern auftaucht und so lang und so stählern ist wie ein Hochhaus – nur dass es eben über dem Fluss liegt. Müsste man Manhattan abstrahieren, dann bestünde es aus liegenden und stehenden, vertikalen und horizontalen Stahlstrukturen.

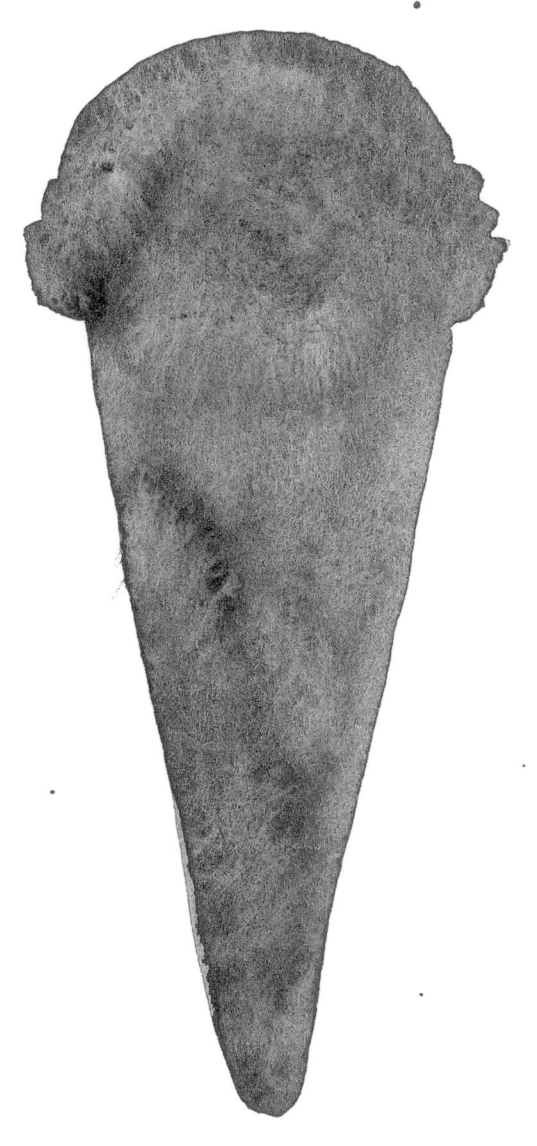

LAFAYETTE STREET

An der Ampel kleben fünf *Bernie-2016-Sticker*. Als er am 10. Februar 2016 die Vorwahlen in New Hampshire gewonnen hatte, saß ich in einem Hotel in Toronto und schaute mir seine Rede an, während draußen ein Schneesturm über das Dominion Centre fegte und die Leute, die um mich herumsaßen, weinten, obwohl sie alle Kanadier waren und den schönen Justin Trudeau hatten. Rückblickend war es wohl doch ein Fehler, dass die Clintons mit ihrem Geld und ihrer Kampagnenmaschine den vielgeliebten Sanders aus den Vorwahlen verjagt haben.

COLLECT POND PARK

Der Collect Pond Park ist ein eckiges Zierbecken. Früher gab es hier einen 34 Meter hohen Berg, Bayard's Mount, der eingeebnet, und einen 18 Meter tiefen See, der von einer Quelle gespeist wurde. Im Westen lag der Kalck Hoek, der so hieß wegen der Austernschalen, die die Indianer hier hinterlassen hatten. Der See war im 18. Jahrhundert der Austauschpunkt für die Nachtwachen, es gab viele Fische, und an seinem Ufer lebte noch ein Indianerstamm. Später wurde der See gleichzeitig als Müllhalde und als Trinkwasserreservoir genutzt. Er musste schließlich zugeschüttet werden.

Jetzt liefen auf dem Rand des Bassins, das an die traurige Geschichte des Collect Pond erinnern soll, zwei Tauben hin und her, eine alte Frau versuchte, sie zu füttern, aber sie hatten an dieser Art von Krümeln offensichtlich kein Interesse, sie liefen gierig ruckend auf die Krümel zu, drehten aber kurz vor ihnen ab, so als ob sie ihnen bei näherem Hinsehen als Enttäuschung erschienen, und ruckten verärgert weiter Richtung Bordstein (jedenfalls sah es so aus). Die Frau schaute ihnen mit ihrem freundlichen, runden Gesicht erstaunt nach und begann die restlichen Krümel, die sie in ihrer Hand hielt, selbst zu essen.

Wir saßen da und sagten nichts und schaut dorthin, wo einmal die doppelten Türme des World Trade Center standen. Der neue Freedom Tower wurde von einem Hochhaus verdeckt, und die Dächer der flacheren Häuser ragten abrasiert in den Himmel. Von der Brooklyn Bridge wehte ein warmer Wind.

Ein Mann mit scharfer Frisur startet eine gelbe Suzuki-Rennmaschine. Am Straßenrand liegt rätselhafterweise ein komplett entnadelter, halbmetergroßer Tannenbaum mit Ständer.

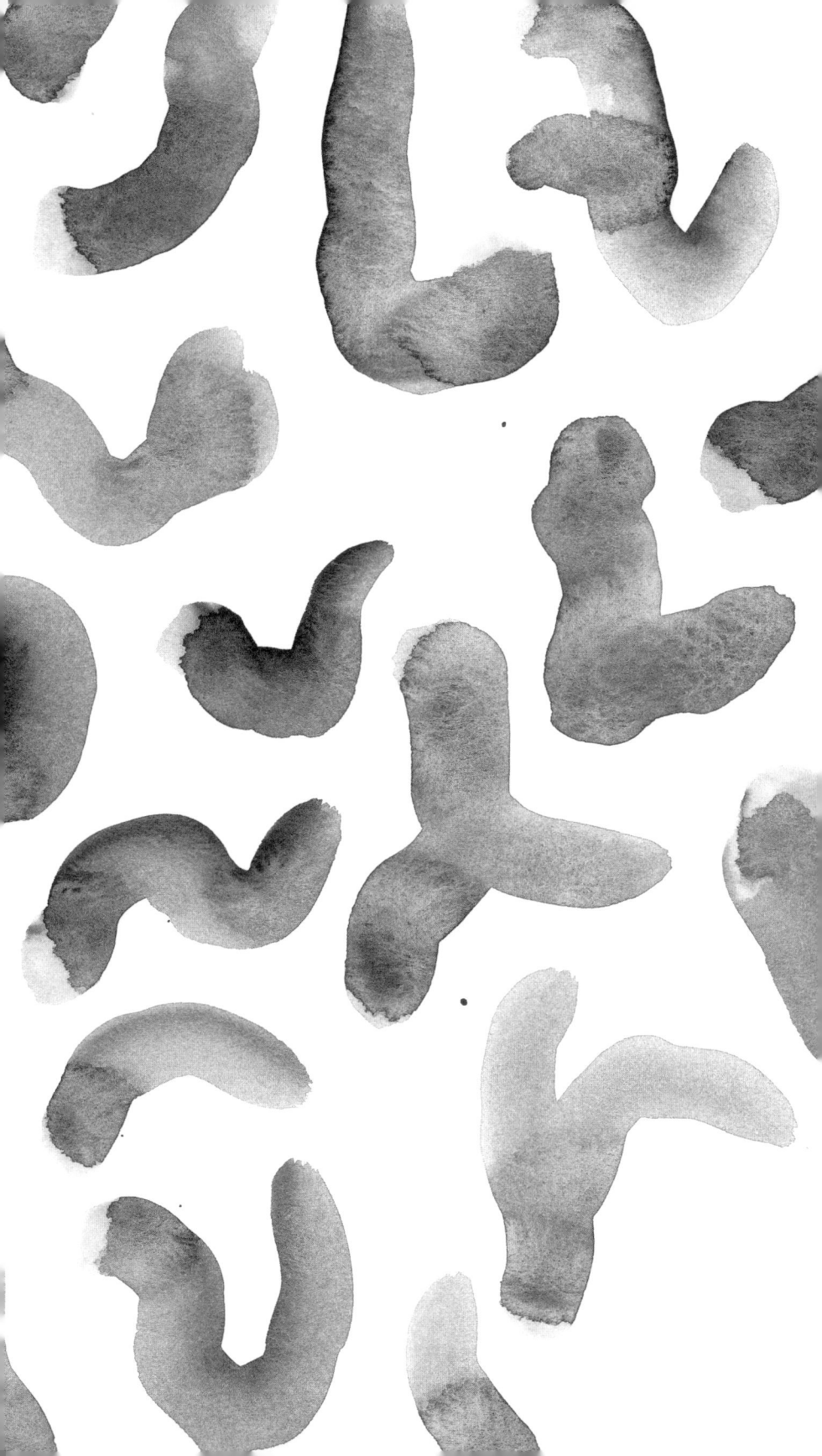

Man hört ihn, bevor man ihn sieht. Er sitzt in der Tordurchfahrt eines alten Hauses, in der das berstende Geräusch aufgebrochener Schalen verhallt und an den Wänden entlangschlägt. Er sitzt dort wie ein Austernfischer, der Schalentiere öffnet, er hält aber keine Austern, sondern alte Mobiltelefone in den Händen. Er kommt aus China. Er arbeitet in einem Restaurant, und morgens nimmt er alte Mobiltelefone auseinander, um sich Geld dazuzuverdienen. Er bricht sie auseinander, entfernt vorsichtig die Plastikhülle, sortiert Gehäuse, Akkus, Displays auf verschiedene Haufen und bohrt sich dann zum wertvollen Kern vor: 30 Metalle stecken in einem Mobiltelefon, Kupfer, Eisen, Aluminium, sogar Silber und Gold, Gallium, Indium, Niob, Wolfram, seltene Erden, das Kobalt, das aus dem Kongo kommt – er ist der Goldschürfer des 21. Jahrhunderts.

Hier fängt Chinatown an: zu Türmen aufgestapelte Hartschalen-Rollkoffer in allen Farben, daneben die Leere eines mit braunem Packpapier abgeklebten Schaufensters.

Ein Kind klettert auf einen chinesischen Löwen, der geduldig mit erhobener Pfote vor einem Studio für Licht-Therapie steht.

Die schlechteren Souvenirläden erkennt man daran, dass in ihnen noch Postkarten und Zierspiegel verkauft werden, auf denen man, wie einen seltsamen Wiedergänger, die alten Doppeltürme des World Trade Center sieht.

Natürlich gibt es viele historische Postkarten, die New York um die Jahrhundertwende zeigen oder in den fünfziger Jahren – aber die Postkarten vom World Trade Center sehen seltsam aktuell aus, so, als sei dies die Gegenwart und nichts, was seit 16 Jahren Vergangenheit ist.

Es gibt diese Zeitlöcher überall, in denen sich Bilder von etwas Verschwundenem so halten, als sei es noch da, noch lange nach der Finanzkrise von 2008 konnte man auf Google Street View ein Foto sehen, das vor der Finanzkrise aufgenommen worden war. Man blickte in eine untergegangene Welt, in der an der Fassade des Hochhauses immer noch »Lehman Brothers« und »Where vision gets built« stand, und vor der Tür sah man die Chauffeure von schweren amerikanischen Limousinen, die auf die Banker warteten, ein paar Angestellte rauchten seelenruhig, und die Passanten schlenderten vorbei, ohne zu ahnen, dass es ihr Geld, das sie hinter der Glasfassade des Gebäudes mit der Hausnummer 745 gut betreut glaubten, längst nicht mehr gab.

Unten im Haus ein Starbucks-Laden und eine Filiale der Eastbank. Das Haus selbst sieht aus wie ein chinesischer Tempel, mit angedeuteten Pagodendächern, mitten in New York sieht nichts nach New York aus – was auch wieder typisch ist für das aus Nachbauten Italiens, Englands, Deutschlands, Chinas und Koreas bestehende New York.

An der Ecke steht Sophia Siu, roter Kapuzenpullover, geboren 1996 in New York, die in einem Chinarestaurant jobbt, weil sie Biologie studieren will. Es ist eines der vielen kleinen Restaurants im Souterrain, an deren Wänden kolorierte Zeichnungen von Pandabären hängen und in denen es *Chinese Soft Shell Crabs* für 12,95 Dollar gibt. Verschiedene blutige Ententeile hängen im Fenster.

Mitten im süßlichen Geruch, der aus der Küche dringt, steht Herr Lau aus Guangdong vor einem Wasserbassin, hinter dessen beschlagenen Scheiben ein Fisch wie eingefroren im Wasser liegt.

Herr Lau wartet auf Kunden. Er ist vor fünf Jahren nach New York gekommen und redet nicht viel; das habe er schon in China nicht gemacht, sagt Sophia. Ihre Mutter ist Angestellte, ihr Vater fährt einen Lastwagen für einen Lieferbetrieb, die beiden kamen vor 30 Jahren nach Manhattan. Der Koch hat nichts zu tun, weil keine Gäste kommen, also reden sie Mandarin miteinander und lachen, und das Einzige, was man versteht, ist, dass der Koch Trump nachmacht, wie der China sagt, *Tscheina, Tscheina, Tscheina.* Sie können bald nicht mehr vor Lachen.

An der Ecke eine Filiale der Industrial and Commercial Bank of China, davor die mobilen Marktstände, wo chinesische Frauen Kirschen anbieten und Orangen, die, anders als in dem berühmten Song von Leonard Cohen, nicht aus China kommen (and she feeds you tea and oranges that come all the way from China), sondern aus Kalifornien. Eine alte Frau verkauft aus einem alten Ford-Transporter heraus, der mit Graffiti überzogen ist (wo er nachts parkt?), Weidenzweige mit Blüten.

An der Canal Street die Reihen von billig aussehenden Juwelierläden, über den Schaufenstern eine überdimensionale Werbung für den Zahnarzt Dr. Ly Van Kim, der im Internet nur eine, für ihn ungünstig ausfallende Erwähnung findet: »The dentist's office was extremely rude. I first asked if he was accepting new patients. He did not answer and instead asked what insurance I had. After hearing I had a union plan, he immediately said in a gruff manner, that he was busy and just hung up on me! This is inexcusable.«

H. schlief, seit der Winter vorbei war, auf der Straße – manchmal hinter der Grand Central Station, manchmal am Central Park oder in einer schmalen Baulücke in Chinatown. Sie war auch ein paarmal mit dem Hund in den Rockaways gewesen, am Strand, wo die Hochhäuser aufhören, und der Hund hatte die Möwen gejagt und nachts, wenn sie im Sand einschliefen, hatte sie ihn in den Arm genommen, um sich zu wärmen, und dann hatte sie das Herz des Hundes gespürt, wie es schlug.

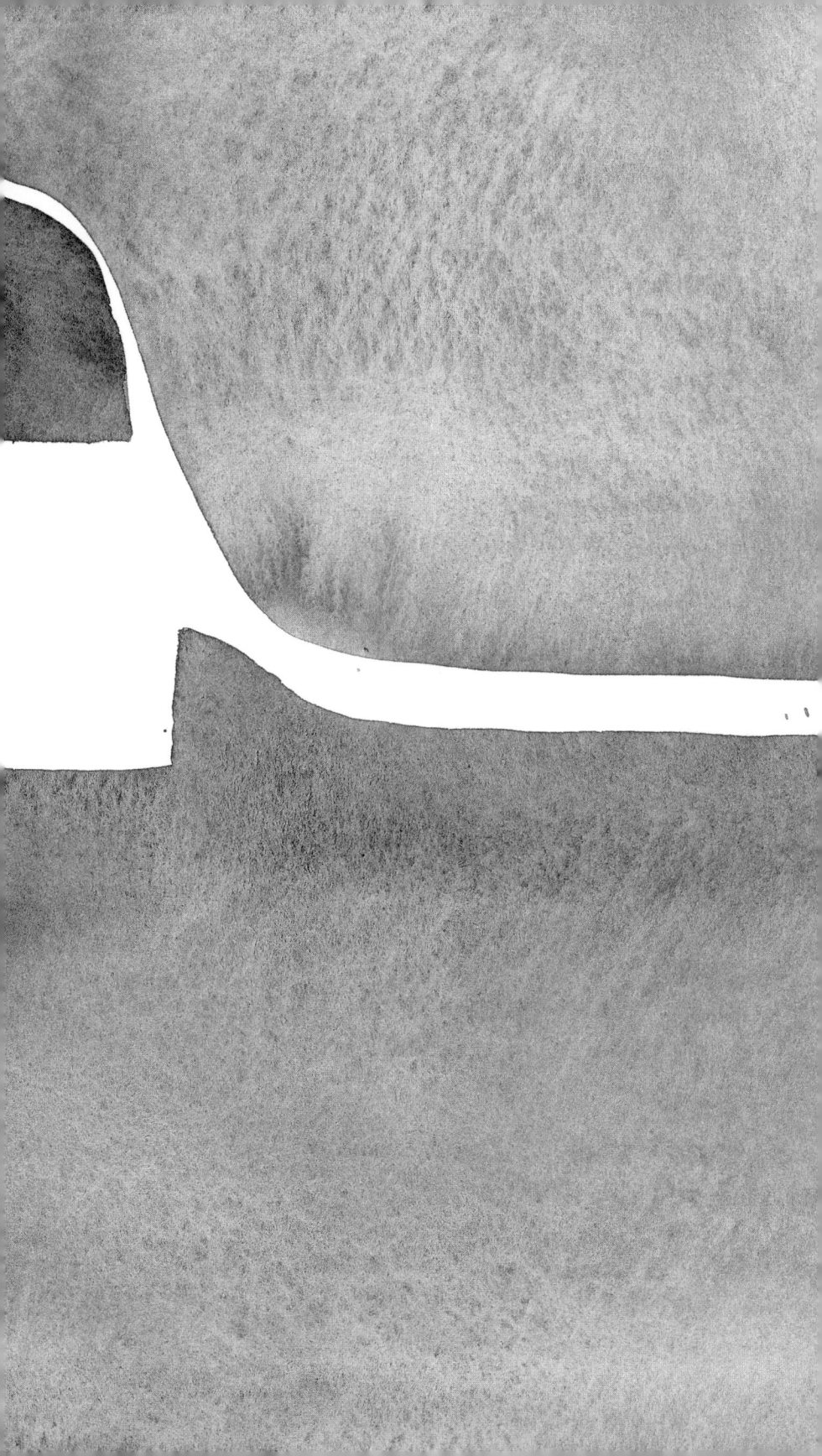

LITTLE ITALY

Weil es immer noch regnete, betrat ich eine kleine Bäckerei: *Italian pastry gelato desserts coffee cakes for any occasion.* Hier saß, in einer fensterlosen Abstellkammer hinter dem Verkaufstresen, Josephe Sferrazza, geboren 1952 im sizilianischen Agrigent, einer Stadt, die fast so rechteckig ist wie Manhattan und vor 2500 Jahren von griechischen Auswanderern aus Gela und Rhodos errichtet worden war. Dort hieß Josephe, Bruder zweier Schwestern und eines Bruders, noch Giuseppe, ging am Samstag mit seinen Eltern auf die Akropolis, die sie dort, so gut es ging, nachgebaut hatten, und stand vor den Resten des Heraklestempels und spielte auf den Treppen vor dem Duomo San Gerlando, der mit seinem zerstörten Glockenturm wie ein würdevoller, soeben geköpfter Mönch auf dem Girgenti-Hügel steht, und blinzelte in die sizilianische Sonne, in der die Schatten noch viel schwärzer aussehen. 1958, als er fünf war, gingen seine Eltern nach Valenciennes, weil sein Vater und dessen bester Freund, die eine Möbelfirma betrieben, Probleme mit der Lokalpolitik bekommen hatten. In Valenciennes wuchs er auf, bis er 14 war, dort nannten sie ihn Josephe, und er führt den Namen noch heute wie eine Auszeichnung. 1966 bekommt der Vater von italienischen Verwandten das Angebot, in New York als Tischler für eine italienische Firma zu arbeiten, die die neuen Hochhäuser in Midtown ausbaut mit Täfelungen und Teakmöbeln und Garderobenschränken. Sein Freund bleibt mit seiner Familie in Valenciennes.

Josephe – jetzt Jo – wird 24, ein paar Freunde aus Brooklyn, die eine Bäckerei in Manhattan übernommen hatten, fragen ihn, ob er die Geschäfte dort führen will, so wird Jo, der schon als Schüler in italienischen Bäckereien sein Geld verdient hat, Leiter einer Bäckerei in der Mulberry Street, die es schon seit den vierziger Jahren gibt, die Spezialität des Hauses ist *Lobster Tail*, eine Blätterteigtasche mit Cremefüllung. Im gleichen Jahr bekommt er ein Kind mit einer Frau, mit der er bald nicht mehr zusammen ist, dann kommt der Freund des Vaters aus Valenciennes zur Hochzeit von Josephes Schwester und lädt den frisch getrennten Josephe, *damit er auf andere Gedanken kommt,* nach Frankreich ein – wo Josephe die Tochter ebendieses Freundes wiedertrifft, mit der er aufwuchs und die inzwischen Krankenschwester in Lille ist, und sie reden bis morgens um vier, und Josephe lädt jetzt sie nach Santa Monica ein, und 1977 heiraten sie in Las Vegas: wieder eine Italienerin mehr in Amerika.

Seit 1880 kamen nach New York vor
allem Einwanderer aus Süd- und Osteuropa, die im Ruf standen, ganz und
gar nicht integrationswillig zu sein.
Es wurde, schon damals, vor Ghettobil-
dungen gewarnt. In Little Italy an der
Mulberry Street lebten Ende des 19. Jahrhunderts 40 000 Süditaliener, die Mafia
regierte, es entstand das, was man heute
eine Parallelgesellschaft nennt – dazu
kam eine chinesische Einwanderungs-
welle nach den Opiumkriegen und der
einsetzenden Massenarmut, und sie
blieben beharrlicher dort, wo sie sich in
Manhattan angesiedelt hatten: Chinatown ist immer noch sehr chinesisch, in
Little Italy, sagt Josephe, lebe laut Volks-
zählung heute noch genau eine italienische Familie. Er wohnt in New Jersey
und fährt jeden Morgen mit dem Auto
durch den großen Tunnelstau in seine
Bäckerei. Er hat zwei Kinder, eine
Tochter, 38, die Krankenschwester ist
wie ihre Mutter, einen Sohn, 27, der
für Google arbeitet. Beide wollen die
Bäckerei nicht übernehmen; beide
sprechen nicht sehr gut Italienisch,
empfinden sich aber vor allem als
Italiener.

Um die Touristen zu erfreuen, hat man
den Hydranten vor der Bäckerei in den
italienischen Nationalfarben gestrichen,
im Laden nebenan gibt es Nummer-
schilder zu kaufen, auf denen »Mafia«
steht.

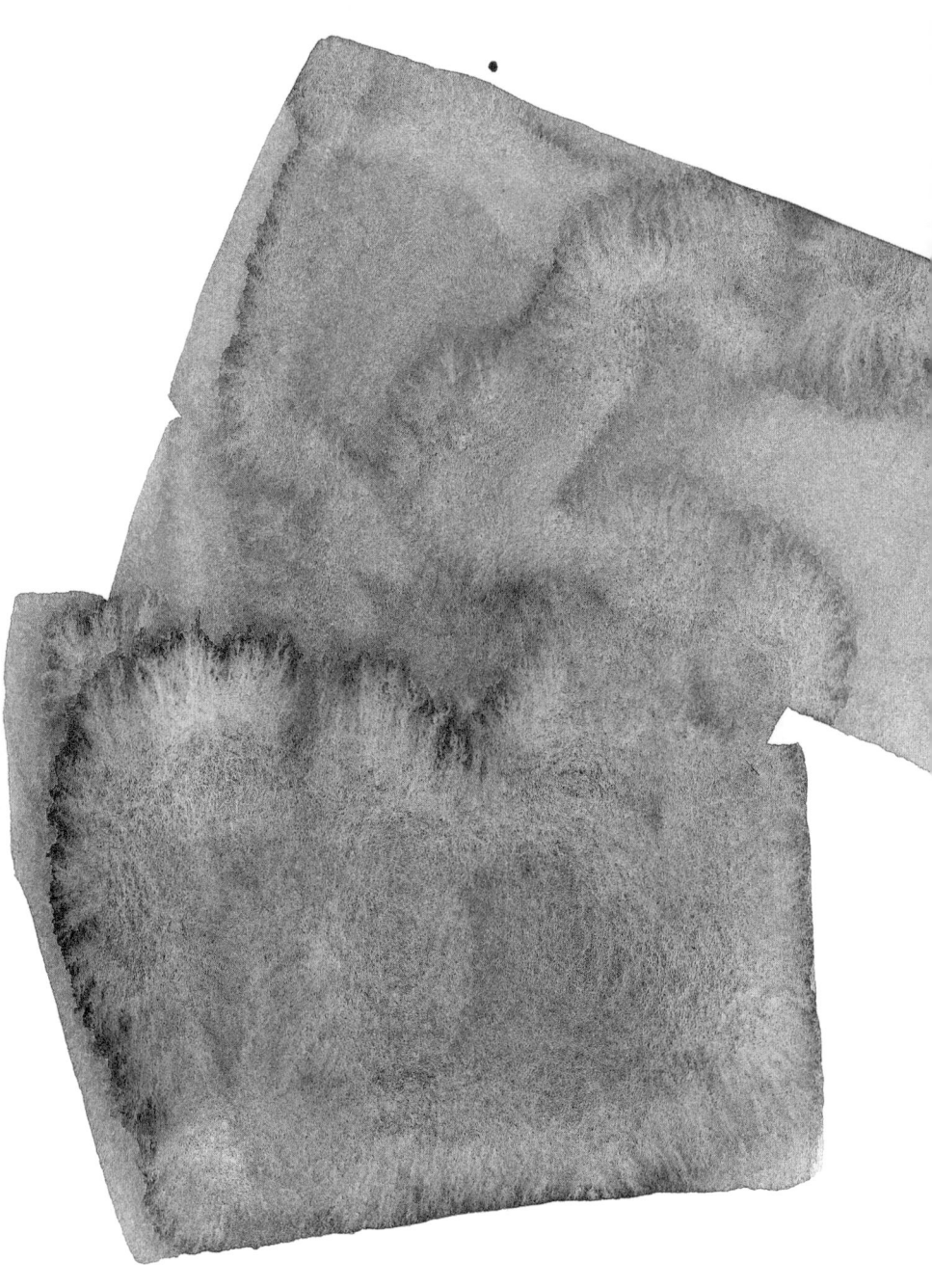

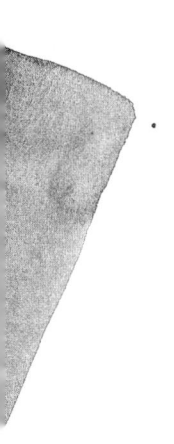

94 PRINCE STREET

Im Fanelli's, wo über rot-weißen Tischdecken und einem weißen Mosaikfußboden die Bilder berühmter Boxer an der Wand hängen, bestellte ich ein Steak. Es ist gar nicht einfach, es nicht gut durchgebraten zu bestellen, schon weil das amerikanische Wort für gut durchgebraten ja auch ein so aufmunterndes moralisches Urteil ist: *well done.* Die Straße vor der Tür hatte abenteuerliche Buckel und Löcher: Beton, Pflastersteine, alles überteert, geflickte Löcher, Absenkungen, Dellen ... Man spürt, dass hier früher nichts gerade war, sondern labyrinthisch und voller Hügel und Felsbrocken und Senken, die eher Krater sind und eine echte Falle für Fahrrad- und Sportwagenfahrer und auch eine schöne Entschuldigung für Leute, die irgendeinen Grund dafür suchen, einen Geländewagen zu fahren.

L. trug eine rote Seidenbluse und einen schwarzen Rock; als sie vor dem Restaurant Fanelli's an der Prince Street stand – rote Tür, zigmal übermalte schwarze Fassade –, sah es so aus, als ob sie sich aus der Wand herausgelöst hätte. Das Haus steht hier seit 1847, früher war es ein Lebensmittelgeschäft, dann, ab 1905, ein Café, 1922 kaufte es Michael Fanelli, und bis 1930, während der Prohibition, war es ein *speakeasy*, eine illegale Bar.

In den sechziger Jahren gingen hier die Arbeiter nach der Arbeit hin, und wenn sie gingen, kamen die Künstler, bevor sie zur Vernissage in der Galerie von Paula Cooper gingen. Wie immer ging die Kunst da hin, wo die Arbeiter sind, und am Ende war nur noch die Kunst übrig, und nur das Fanelli's erinnert an das schwarze und rote New York der Arbeit, von Eisen und Stein.

Das Fanelli's ist mit seinem funzeligen Neonschriftzug und der hundertmal überstrichenen schwarzen Fassade das genaue Gegenteil des neuen aseptischen Designo-New-York.

Rot und Schwarz – das bräunliche, rußige dunkle Rot der Backsteinhäuser und das Schwarz der alle paar Jahre mit dicker Lackfarbe übermalten schmiedeeisernen Geländer im Village, das flackernde Rot der alten Neonreklamen und das Schwarz der schiefen Holztreppen – sind die Farben des alten New York.

Das neue Manhattan steuert mit wei-
ßem Metall und Spiegelglas und Touch-
less Screens dagegen, als wolle es das
Rußige und Erdige, den Dreck und das
Moll der frühen Jahre ein für alle Mal
von sich abwaschen.

Man muss diesen Wandel nicht bejammern, nicht alles muss immer aussehen wie früher – aber bemerkenswert ist schon der Übergang von einer extremen Physikalität des Geschmiedeten und Vermauerten und Geschweißten und übers Kopfsteinpflaster Ratternden, die das schwarze und das rote New York, die Hafenstadt des 19. und des 20. Jahrhunderts prägte, zu einer glatten und milchig silbrigen Kälte, einer Stadt, in der sich alles wie ein Touchscreen anfasst und nach Keyless go und gespenstischen, weil unsichtbaren Online-Vermögensbewegungen und Cyberwar aussieht: Manhattan *air*.

In den Apple Stores gibt es Notfallzentren, die rund um die Uhr besetzt sind. Sie erinnern nicht nur wegen ihrer klinisch weißen Farbe an die Notaufnahmen großer Krankenhäuser. Tag und Nacht gibt es ein Jammern und Schreien, Verzweifelte halten Laptops im Arm, die durch einen umstürzenden *Coffee to go* außer Kraft gesetzt wurden, aber wiederbelebt werden müssen, weil sich die überlebenswichtige Präsentation für das Meeting mit dem Vorstand am kommenden Morgen darauf befindet. Morgens um drei hält jemand ein iPad in die Luft, als sei es ein verletztes Baby, *bitte helfen Sie mir, bitte*, ein Handy, auf dem die Nummer der Freundin gespeichert ist, ist nach einem Sturz schlagartig schwarz geworden, im Display starr der Satz *Verbindung beendet* – ein Menetekel? Zwischen den Verzweifelten laufen die Doktoren herum, machen ernste Gesichter, beruhigen die Abhängigen, verteilen Termine und kommen mit ernsten Gesichtern aus dem Operationsaal zurück.

Manchmal wird aus dem Apple Store

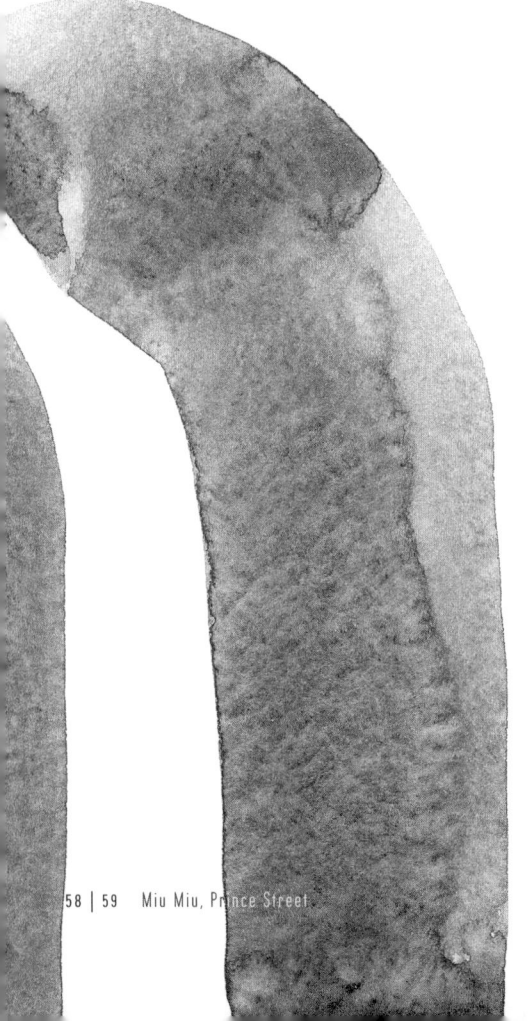

auch eine moderne, überbelichtet kalte Version der Hölle. Die Apple-Mitarbeiter treten den vom Fegefeuer der Kommunikationslosigkeit Geplagten wie Racheengel entgegen und schreiten zur Beschämung der Sünder: »Das Display ist nicht von Apple, da hat schon jemand einmal ein Glas ausgetauscht, da können wir nichts mehr machen für Sie. Die dürfen wir eigentlich nicht mal anfassen.«

Hinten im Laden machen sie Werbung für die iCloud. »iCloud ist viel mehr als eine Festplatte in den Wolken«, heißt es bei Apple, »iCloud speichert Deine Inhalte.« Den Ort, an dem Daten, Fotos und E-Mails nicht mehr auf dem Computer, sondern extern gespeichert werden, »Wolke« zu nennen, war eine fast kryptotheologische Idee, die den technologischen Informationsdienst wie eine Naturgewalt erscheinen lässt: Die Wolke sendet dem Menschen seine eigenen Erinnerungen wie Zeus seine Blitze. Was der Wolkenkratzer war, Symbol einer Epoche und gleichzeitig Sitz realer Macht, wird die Wolke sein.

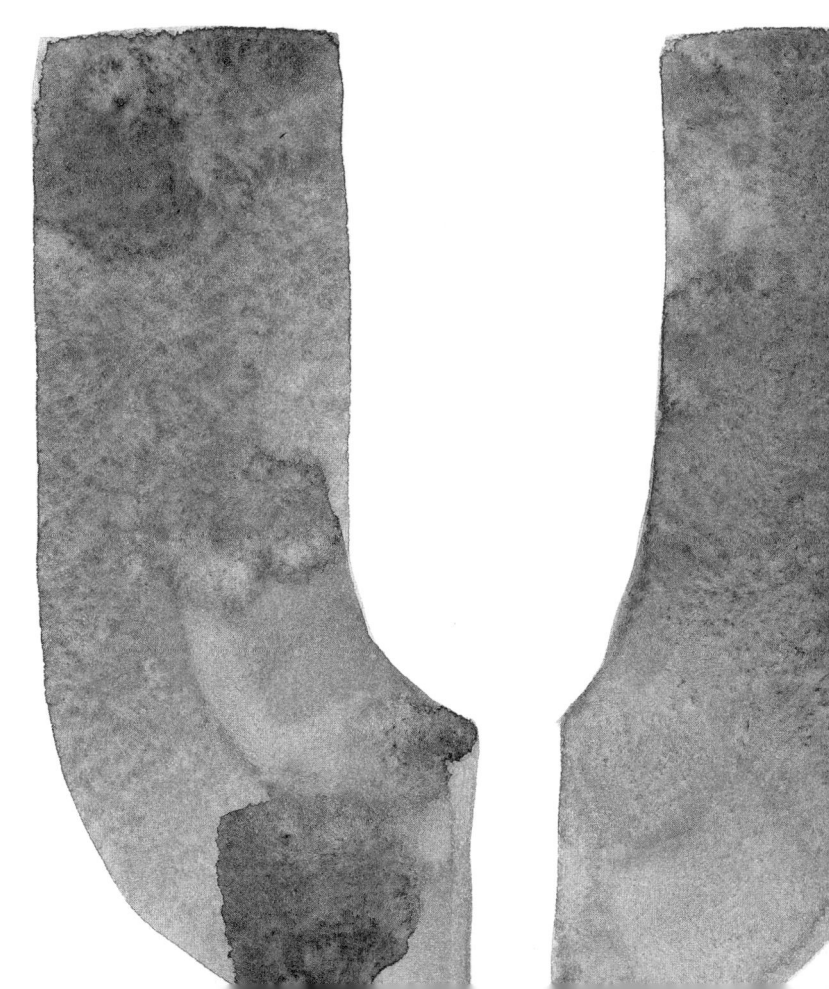

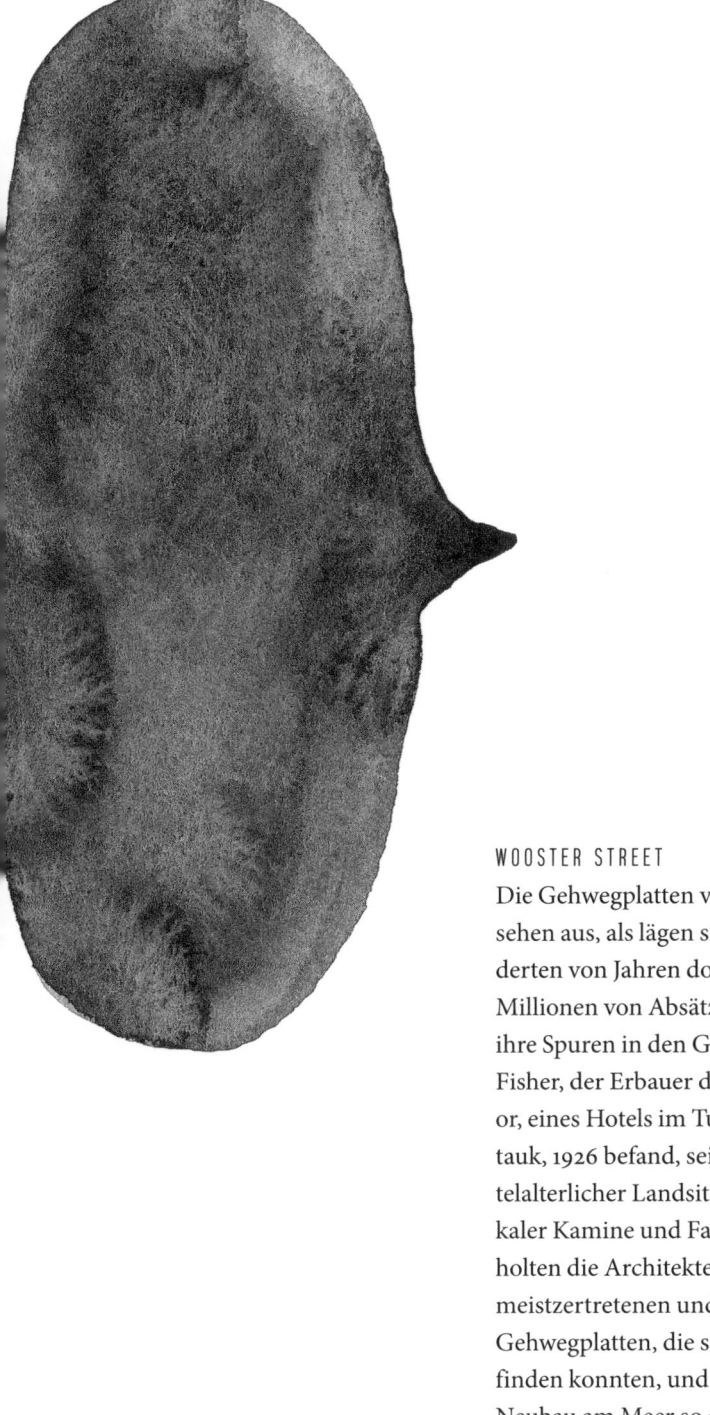

WOOSTER STREET

Die Gehwegplatten von Manhattan
sehen aus, als lägen sie schon seit Hun-
derten von Jahren dort, wo sie liegen.
Millionen von Absätzen hämmerten
ihre Spuren in den Granit. Als Carl G.
Fisher, der Erbauer des Montauk Man-
or, eines Hotels im Tudorstil in Montauk, 1926 befand, sein falscher spätmit-
telalterlicher Landsitz sähe trotz rusti-
kaler Kamine und Fachwerk zu neu aus,
holten die Architekten umgehend die
meistzertretenen und malträtierten
Gehwegplatten, die sie in Manhattan
finden konnten, und schon sah der
Neubau am Meer so authentisch uralt
aus, als seien schon normannische
Ritter auf ihren Pferden durch die Ein-
gangshalle geritten.

Hier, ganz oben in den sandfarbenen
Türmen der NYU, die I. M. Pei einmal
als Studentenheim entworfen hatte, im
obersten Apartment mit Blick auf das
neue One World Trade Center, wohnt
der berühmte Historiker Jean-Louis
Cohen. Er unterrichtet Architekturgeschichte an der NYU, er spricht russisch
und portugiesisch mit seiner Freundin,
und Deutsch kann er auch, das lernte er
1968 bei der Apfelernte in Werder, als
freiwilliger Erntehelfer in der DDR.

Vor den Türmen macht ein Mann mit
zwei Bobtails Fotos von seinen Hunden:
Er legt sich auf die Bank, ruft, die Hunde sollen dies und das machen. Warum
er das wohl macht? Einfach, weil er seine Hunde mag, sagt L.

Hinter ihm steht, auf einem verbrannten, staubig getrampelten Stück Rasen,
wie man es oft in Lateinamerika findet,
eine Großplastik von Picasso, die *Büste
von Sylvette* von 1967: Der kubistische,
gleichzeitig aus vielen Perspektiven
zusammengesetzte Kopf von Sylvette
wird da dreidimensional, man geht um
die Betonplastik herum und sieht riesig
den Zopf und dann, als sei man in
einem 3D-Film mit heftigen Schnitten
und Zooms, ein Auge, riesig das Profil,
kleiner den Mund und die Nase: Die
Skulptur hat vom Film gelernt und
macht ihm, der ja erst spät dreidimensional werden konnte, ernsthafte Kon-
kurrenz.

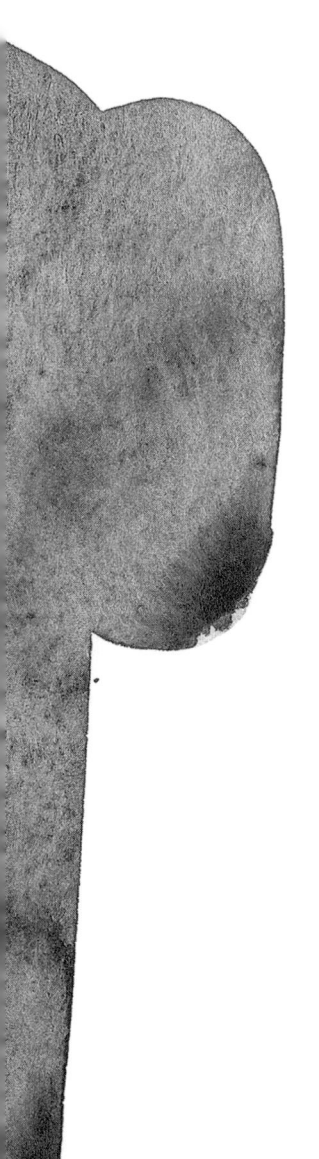

Im Washington Square Park saßen zwei
auf einer Bank und blinzelten in die
Sonne, als sei es eine ausgemachte Bos-
haftigkeit von ihr, so früh schon so
energisch zu leuchten. Sie sahen beide
sehr blass aus, ihre Körper mussten den
Winter und den letzten Sommer und
vielleicht auch die Jahre davor ohne viel
Sonneneinstrahlung verbracht haben,
aber jetzt hatten sie sich offensichtlich
in einem Anfall von Euphorie und Wa-
gemut kurze Hosen und T-Shirts gekauft, aus denen ihre erschreckend weißen Arme und Beine hervorschauten; es
war wie das, was man sieht, wenn man
einen Stein hochhebt. Sie waren offensichtlich verliebt und blinzelten kritisch
in die Sonne und schauten dann zu Boden, auf ihre ungeschützten Beine, die
in großen schwarzen Schuhen steckten.

Unter dem Triumphbogen des Washington Square, der den Blick auf die 5th
Avenue feierlich rahmt, trafen wir zufällig, mit einem Baguette in der Hand,
das wir bei der französischen Bäckerei
um die Ecke gekauft hatten, die Künstlerin Emily Hass, die unter einer seltsamen Urzeit-Tanne auf jemanden wartete und sehr erstaunt auf uns und unsere Baguettes schaute (wir mussten mit
den belegten Baguettes wirklich wie
sehr militante Europäer wirken, die ihr
Essen wie Bajonette durch Manhattan
tragen).
Ich hatte sie schon jahrelang nicht
mehr gesehen, früher einmal war ich
ihr bei amerikanischen Freunden
begegnet, und sie hatte mir ihre Bilder
gezeigt, filigrane, minimalistische
Rekonstruktionen von abgerissenen

Häuserfassaden, Silhouetten von Häusern, die es nicht mehr gibt, festgehalten mit Nadelstichen in dickes, handgeschöpftes Papier. Wenig später hatte ich auch ihren Vater kennengelernt, weil er einmal wieder nach Berlin kommen wollte – zum ersten Mal seit 70 Jahren, denn er wurde in Berlin geboren, lebt aber seit 1966 als Kinderarzt in Boston.

Gerald Hass landete mit der Nachmittagsmaschine aus London in Berlin-Tegel, an einem Sonntag, als Deutschland im Finale der Europameisterschaft stand, weswegen am Flughafen Männer mit Deutschlandfahnen an ihren Rollkoffern herumliefen, und auf dem Parkplatz sangen ein paar Leute »Deutsch-Laaand, Deutsch-Laaand« zu einer Phantasiemelodie; sie waren auch gerade gelandet und sehr betrunken.

Als Hass zum letzten Mal in Berlin war, hatte der Reichstag eine andere Kuppel, in der Wilhelmstraße gab es keine Plattenbauten, und die Fahnen, die überall wehten, trugen schwarze Hakenkreuze. Es war im Herbst 1938, als seine Mutter ihre drei Söhne in den Zug packte, nach Frankreich floh und von dort aus nach London fuhr. Seitdem war er nicht mehr in Berlin.

Gerald Hass hatte Berlin in dem Herbst verlassen, in dem das Auswärtige Amt des Deutschen Reiches die vollständige Ausweisung aller Juden polnischer Staatsangehörigkeit verfügt hatte, als die Gestapo 17 000 jüdische Männer, Frauen und Kinder verhaftete und nach Polen deportierte, der Herbst der Reichspogromnacht. Er war vier damals, und er hieß Gerhard Hass. Er wurde am

10. August 1934 in Berlin geboren. Seine Mutter kam nicht aus Berlin. Sie war in London aufgewachsen; ihr Vater, Rubin Berger, besaß dort ein paar Kinos und reiste oft durch Europa. Auf einer seiner Geschäftsreisen nahm er seine Tochter mit, in Berlin lernte sie den Sohn eines Daunendeckenherstellers kennen, verliebte sich und blieb. Das Paar heiratete 1931. Als Gerhard Hass zur Welt kommt, ist sein Vater erst 31 Jahre alt, aber bereits ein vermögender Mann. Er wohnt in der feinen Altonaer Straße, direkt am Tiergarten. Es gibt ein Foto, das seinen Großvater Chaim zeigt: ein kräftiger, großgewachsener Mann mit einem mächtigen Schädel und einem noch mächtigeren Kaiser-Wilhelm-Bart im Gesicht. Chaim Hass hatte im Ersten Weltkrieg gedient, er hatte Auszeichnungen bekommen, er war ein überzeugter Preuße und stellte die besten Daunendecken der Stadt her. Wer wohlhabend war in Berlin, sagt Gerald Hass, schlief damals in einem Daunenbett von Hass und Sohn. Doch dann, 1938, wurde sein Betrieb für Daunendecken enteignet, die Pässe der Familie wurden eingezogen, Gerald Hass' Vater flog vom Flughafen Tempelhof nach England auf eine fiktive Geschäftsreise und blieb. Sein Schwager, selbst Engländer, kam nach Berlin und holte die Mutter, die noch einen britischen Pass besaß, mit den drei Kindern nach.

Als der Krieg anfing, musste Gerald Hass' Vater in einer Munitionsfabrik arbeiten. Statt Daunen hatte er plötzlich Sprengköpfe in der Hand, baute Waffen, die auch seinen eigenen Vater treffen konnten, der in Berlin geblieben war und von dem er nicht wusste, wie es ihm ging.

Die Familie zog in ein kleines Haus in Stanford Hill, im Londoner Nordosten. Gerald teilte sich ein Zimmer mit seinen Brüdern, die beiden älteren wurden evakuiert, als die Bombenangriffe anfingen. »Das ist eine meiner ersten wirklichen Erinnerungen«, erzählte Hass, als wir ihn trafen. »Ich sehe mich, wie ich auf diesem Bahnsteig stehe und weine. Meine Mutter tröstet mich. Ich erinnere mich, wie ich zu ihr sage, nur noch einen Kuss. Und wie sie mir noch einen Abschiedskuss gibt und auch weint. Und wie ich es immer wieder sage. Nur noch einen Kuss, Mama. Just one more kiss.«

Sie wurden in einem Dorf einquartiert. Ein paar Wochen später, als die Angriffe auf London verstärkt wurden, kam die Mutter mit dem kleinen Bruder nach; der Vater besuchte sie am Wochenende. Sie lebten bei einem alten Mann, der zwei taubstumme Töchter hatte. Gerald lernte mit sieben ihre Zeichensprache.

In England lernte Gerald Hass ein Mädchen namens Terry kennen, ging mit ihr ein Jahr nach Amerika, studierte Medizin, kam zurück nach London, bekam zwei Töchter und einen Ruf nach Boston, siedelte endgültig in die Vereinigten Staaten über. Er wurde Verwaltungsdirektor an der Boston University School of Medicine, vermisste die Arbeit mit Patienten, kündigte, nahm eine Professur in Harvard an, bekam die dritte Tochter, Emily, und gründete sein Health Center für die Armen der Stadt. Er kaufte ein Stück Land auf Martha's Vineyard, baute dort ein Haus, in das er mit seiner Familie jedes Wochenende fuhr, mit einem kleinen Peugeot, der bei Nässe nicht ansprang, und badete zur Verwunderung der Nachbarn gern nackt im Atlantik – und so kam es, dass Emily, die auch eine deutsche oder eine englische Künstlerin hätte werden können, eine amerikanische Künstlerin wurde.

UNIVERSITY PLACE

Hier in der Nähe liegt L.s Apartment:
die Temperafarben, das altrosafarbene
Sofa, ein sehr futuristischer Couchtisch
aus den späten sechziger Jahren; ein ins
Fenster gespanntes Tuch, das dem
Raum etwas Nordafrikanisches gibt; auf
dem Fensterbrett ein alter lederner
Fahrradhelm aus den zwanziger Jahren,
von einem Antiquitätenhändler in
Toronto; ein Plakat der Galerie Maeght
für eine Ausstellung von Ellsworth-
Kelly-Lithografien.

ECKE 10TH STREET

Im Blumenladen University Floral
Design – *since* 1928 hängt, als sei auch
sie ein Gewächs, eine E-Gitarre im
Fenster, vielleicht für den Fall, dass jemand nicht nur Blumen verschenken
will, sondern auch Unterstützung
durch Musik braucht.

ECKE 11TH STREET

Aus einem Truck dröhnt Musik: The
Doors, *L. A. Woman*. Wäre man jetzt
lieber in Los Angeles? Und warum bloß
nicht?

ECKE 12TH STREET

Ein Mann, der einen großen Strauß
Blumen im Arm hält, betritt das Gebäude und kommt kurz danach, sehr blass,
mit den Blumen wieder aus dem Haus.

ECKE 13TH STREET

Zwei alte Rennräder, angeschlossen an einer Laterne. Zwei Männer, beide tragen grobkarierte Hemden, kommen mit Einkäufen aus einem Laden. Einer von ihnen trägt eine Brille. Später sieht man sie hintereinander auf sehr schmalen Reifen Richtung Süden fahren, der Mann mit der Brille fährt vorn. Ein paar Wochen später traf ich ihn zufällig wieder. Er saß in der Lobby des Marlton Hotels und wartete, aber niemand kam. Er wartete stoisch, stundenlang, in einer elegant hingegossenen Haltung, den Blick ausdruckslos in den gegenüberliegenden Spiegel gerichtet, wie ein Stück Obst in einer Schale, das sich sorgenvoll dabei zuschaut, wie es langsam ein paar Druckstellen bekommt.

ECKE 13TH STREET | 5TH AVENUE

Hier betreiben sie Urban Gardening. Auf sechs Parkplätzen ist Blumensaat in Kübeln und rotes Klappgestühl zu besichtigen. Es sieht sehr idyllisch und sehr kleinstädtisch aus, was hier ziemlich auffällt, weil alles andere in Manhattan großstädtisch und schnell und verdichtet und komprimiert ist. Das ist nicht überall so, viele Stadtzentren sehen mittlerweile wie Dörfer aus, unter dem Banner von Nachhaltigkeit und Entschleunigung kommt auch das extrem Muffige und Enge des Dorfs mitten in die Stadt hinein. Als Petula Clark 1965 *Downtown* sang, war klar, dass in der Innenstadt die helleren Lichter funkeln. *Just listen to the music of the*

traffic in the city / Linger on the sidewalk where the neon signs are pretty / How can you lose? The lights are much brighter there / You can forget all your troubles, forget all your cares ... – heute klingt der Text wie eine Arie aus der Gruft.

Das Leben, die offene Welt, die Kolonnen glitzernder, zuversichtlich brummender Straßenkreuzer, die wilde Mischung von Menschen mitten in der Stadt, all das sucht man in den meisten Städten, in Berlin zum Beispiel, vergeblich. Man findet: leere Geschäftsstraßen. Touristenbusse. Pferdekutschen, Bier-Bikes, gerasterte Sandsteinfassaden. Teure Läden. Baustellen für Shopping-malls (wie rührend – die großen Dinger, die auf dem Land alle wegen des Online-Handels sterben). Büro- und Luxuswohnanlagen mit ambitionierten englischsprachigen Namen (»The Upper East«). Das Urban Gardening ist oft nur der Trostpreis dafür, dass die Bürger bei den wichtigen politischen Grundsatzentscheidungen nichts zu sagen haben: Während der deutsche Verkehrsminister Dobrindt den VW-Dieselskandal zum Wohl der heimischen Industrie großräumig unter den Tisch kehrte, durften die Berliner ein paar Blumenkübel auf ein paar Parkplätze in einer Seitenstraße stellen und »ihren Raum zurückerobern«. Urban Gardening ist die Ablösung von Politik durchs Pittoreske.

Könnte es sein, dass die Zentren der Großstädte, von Manhattan einmal abgesehen, nur noch attraktiv sind für wohlhabende Rentner und Touristen (die meist Rentner aus anderen Städten sind) – und dass, während in den Städten alles kleiner wird und ruraler, während dort Einbahnstraßen zu Spielstraßen umdeklariert und Latte Macchiato auf selbstgehobelten Holzbrettern serviert wird, die Stadt sich also dem Entschleunigten und Idyllischen und Hausgemachten hingibt, sich verkleinert, die großen Dinge am Rand und auf dem Land passieren? Während in Städten wie Paris und München Großstrukturen verpönt und Hochhäuser verboten sind, werden hier gigantische Auslieferungs- und Logistikzentren und Serverfarmen gebaut, die wie umgefallene Hochhäuser in der Landschaft liegen, und auch die Flüchtlinge werden hier untergebracht und nicht in den homogenen, ausschließlich vom weißen Mittelstand bevölkerten Dörfern, zu denen die Zentren der Städte geworden sind.

Der Gang aufs Land wurde oft als Akt der Entpolitisierung missverstanden, als nostalgischer Rückzug ins Private. Das war schon immer falsch. Wer die futuristischen Gemälde von Benedetta Cappa sieht oder John Berger liest, der auf dem Land ein Buch über Wanderarbeiter und die Notwendigkeit der Politisierung schrieb, weiß, dass der Gang aufs Land auch eine Flucht vor der Langsamkeit und Schwerfälligkeit und Musealität der Stadt sein konnte, ein Akt hoffnungsvoller Beschleunigung und Politisierung: Countryside Futurism statt Urban Gardening.

An der 5th Avenue liegt ein Laden der
Marke Victoria's Secret. Die Marke war
1977 von einem Mann namens Roy
Raymond gegründet worden. 1982 verkaufte er das Unternehmen, das damals
sechs Filialen hatte, für eine Million
Dollar an Les Wexner und gründete
eine neue Firma für hochwertige Kin-
dermode, in die er über die Hälfte seines Vermögens investierte. Sie hieß
My Child's Destiny und ging 1986 pleite;
Raymond musste seine Häuser und
Autos verkaufen. Wenige Jahre später
war Victoria's Secret der größte Anbie-
ter von Damenunterwäsche mit einem
Umsatz von einer Milliarde Dollar. Es
gibt ein Foto, das Roy Raymund mit
einem seiner Kinder zeigt; ein sympa-
thischer Mann mit einem Vollbart und
einem Jungen, der herzlich in die Ka-
mera lacht; Vater und Sohn. 1992, nach
einem weiteren gescheiterten Versuch,
Bücher für Kinder zu vermarkten, ließ
seine Frau sich scheiden; Raymond
wurde zuletzt auf dem Weg zur Golden
Gate Bridge gesehen. Kurz danach fand
man seine Leiche in der Bucht.

Foto einer Frau, die sich in den Bauch
kneift. Darunter steht:
»Freeze your fat with nonchirurgical fat
reduction – CoolSculpting«.

Vor dem Verizon-Laden im Club-Mo-
naco-Haus demonstrieren ein paar
Arbeiter gegen den Telefonanbieter, der,
so ein Demonstrant, verdiente Mitar-
beiter feuert, Arbeiten in Indien erledi-
gen lässt und Familienväter zwingt,
monatelang weit von ihren Kindern
entfernt zu arbeiten.

Gegenüber dem Flatiron Building das
Einrichtungsgeschäft Wolf Home, dessen Schaufenster den müden New Yorker trösten und aufmuntern: Bald, wenn
du noch mehr verdient hast, sinkst auch
du in Samtsofas, in Kissenberge im
Landhausstil.

Am Broadway riecht es eigenartig. Die
St.-Sava-Kirche ist abgebrannt, kurz
nachdem die serbisch-orthodoxe Gemeinde dort das Osterfest gefeiert hatte.
Vom schwarzen, heruntergebrannten
Dachstuhl wehen dunkle Ascheflocken
über den Broadway: schwarzer Schnee
im Mai. Ein Polizeibericht nennt Kerzen
als möglichen Grund für den Brand,
aber dann sagte der Vorsitzende der
Gemeinde, Patriarch Irinej, in einem In-
terview, er finde es eigenartig, dass am
gleichen Tag gleich vier orthodoxe Kir-
chen in Amerika, Russland und Austra-
lien abbrannten. Gemeindemitglieder
vermuteten, dass fanatische Anhänger
des kroatischen Kardinals Alojzije
Stepinac hinter den Brandanschlägen
standen, dessen Heiligsprechung die
Kirchenleitung verweigert, weil Stepinac im Zweiten Weltkrieg mit den Nati-
onalsozialisten zusammenarbeitete.

Noch eine Demo – ein Mann verteilt Flugblätter, er kommt aus Jamaica, seit 42 Jahren lebt er in Amerika, er war für PanAm in Miami, dann seit 1999 in New York bei American Eagle Airlines, seine Frau arbeitet bei der Chase Manhattan Bank, sie sind eine vorbildliche Familie, er hat eine Tochter, die 13 ist, und einen Sohn, der ist 19 und wurde gerade bei Walmart gefeuert – und jetzt soll auch er seinen Job verlieren, nach all den Jahren, deshalb die Wut, deshalb das Flugblatt: »Manager Tom Mc Kinney and others fired several senior workers with 10–19 years of service … Please call the company at HR = 906 346 8141 and also Peter Bowler-President @ 817 967 1244, let them know we are human and we should not be treated unjustly; we sacrificed a lot to make this company what it is today.«

Aus den Abluftgittern der Subway fegt die heiße Luft eines nordwärts heulenden Zugs nach oben.

Ein kleines Schild an der Hauswand:
»Nuclear Fallout Shelter«. Hier kann
man sich verstecken, wenn die Stadt
angegriffen wird, eine Möglichkeit, die
lange als Angst durch die amerikanischen Kinderzimmer geisterte – 1951
erschien der Lehrfilm *Duck and Cover*,
in dem eine Zeichentrick-Schildkröte
namens Bert den Kindern erklärt, wie
man sich bei einer Atombombenexplo-
sion richtig verhält. Der Atompilz, sagt
eine warme Stimme aus dem Off, ist
»heller als die Sonne, als alles, was ihr je
gesehen habt«. Wenn er erscheint, muss
man sich unter einem Tisch verstecken
und die Tischdecke über den Körper
ziehen: *duck and cover*. In den Köpfen
der kleinen Kinder mischte sich dieses
Leuchten mit den Bildern, die sie im
Religionsunterricht malen mussten.

BROADWAY I

Gegenüber, im Laden »The little beet«, eine Leuchtschrift: »It's all good«. Daneben die Werbung des »Hair Palace« – »100 Percent Human Hair«. Der Nachbarladen bietet sogar »100 Percent Brasilian Human Hair«.

Die Fahrrad-Ladestationen wirken wie Poller zur Sicherung einer Straße vor Angreifern.

Wenn man zum Hudson River hinüberschaut, sieht man einen spiegelnden Turm, 270 Meter hoch, oben seltsam, wie mit dem Schälmesser angeschnitten. Hier, wo früher Hell's Kitchen lag, ein Slum für irische Immigranten, Heimatquartier berühmter Gangsterbanden wie der Gopher Gang, werden einmal 16 Wolkenkratzer stehen, mit 560 000 Quadratmetern Bürofläche und 70 000 Quadratmetern für Shoppingmalls und 5000 Wohnungen, in denen man alles, die Beleuchtung, die Temperatur und die Haushaltsgeräte, über das Smartphone steuern kann. »Tausende von Sensoren werden in Verbindung mit anonym gesammelten Daten das Verhalten der Einwohner messen, von Einkaufsgewohnheiten bis zur Nutzung von Energie«, verspricht die Werbung; damit könne die Lebensqualität – Frischluft im Haus, Lärmentwicklung und Energieverbrauch – optimiert werden.

Natürlich heißt das auch, dass das Haus seine Bewohner kontrolliert, es registriert die kleinsten Bewegungen – wann wird der Kühlschrank geöffnet? Was wird herausgeholt? Wann wird der Computer benutzt, was wird wann gegoogelt? Wann werden die Fenster geöffnet, wie viele Leute sind wann in welchen Räumen?

Es heißt, die Wohnung lernt ihren Bewohner besser kennen, sie wird selbst sein Butler, sie schlägt ihm irgendwann auch Dinge vor (zu viel fette Sachen im Kühlschrank, bestell doch die neuen Salate von Soundso im Internet). Das Haus lernt: Es rechnet zusammen, wie oft man morgens um sieben das Licht eingeschaltet hat, spekuliert, dass man das auch in Zukunft immer so tun wird, und schaltet irgendwann automatisch um sieben das Licht an. Das kann man komfortabel finden (wie überhaupt die ganzen Hudson Yards die erste Idealstadt für eine Gesellschaft sind, deren Prioritäten von Freiheit und Eigenverantwortung zu Komfort und Sicherheit verschoben wurden). Wenn man gerade an diesem Tag einmal ausschlafen wollte, hat man Pech gehabt. Das Haus wird jedenfalls eine künstliche Intelligenz, die sich immer enger an ihren Bewohner anschmiegt und einen Kokon aus Mobiltelefondaten und Bewegungsdaten um ihn legt. In einem Haus leben heißt in Zukunft auch, in einem Roboter zu leben. Und wenn zwischen den Roboterhäusern noch selbstfahrende und untereinander aus Öko- und Sicherheits- und Effizienzgründen vernetzte Autos hin und her sirren, wird die ganze Stadt ein Roboter, in dem jedes Teil den Menschen in eine andere Ecke hineinbefördert, als wäre er ein Blutkörperchen in seinem Organismus. Und dann ist da Alexa, das Spracherkennungsprogramm, dessen Lautsprecher und Mikrofone überall, im Wohnzimmer, im Auto und in den smarten Kühlschränken der Firma LG, zu finden sein werden, Alexa, die man bittet, das Licht zu dimmen oder den Herd vorzuwärmen. Man ruft nur: Licht aus, schon ist es aus. Alexa hört alles und leitet die aufgezeichneten Worte an einen Cloud-Dienst weiter, wo sie von Algorithmen ausgewertet werden. Bei Samsung heißt es zum Smart-TV-Gerät: »Bitte seien Sie sich bewusst, dass Ihre gesprochenen Worte aufgezeichnet und an einen Drittanbieter geschickt werden.« Anders gesagt: Die Wohnung bekommt Ohren, die Geräte hören ständig alles mit, erstellen ein lückenloses Bewegungsprofil der Hausbewohner und versenden es auch – und demnächst könnten sie sogar vor Gericht auftreten müssen: In einem Mordprozess in Arkansas wollten die Ermittler Audiodateien von Amazon herausgegeben bekommen. Wenn Alexa im Auto, im Bad jedes unwillkürliche Gemurmel aufzeichnet, und auch das, was der Mensch im Schlaf redet, ist dann erreicht, was das Verfassungsgericht die »Denaturierung des Menschen zum bloßen Informationsobjekt« nennt? Und was, wenn der das freiwillig tut? Wenn es bald nur noch smarte Geräte zu kaufen gibt und man etwas wirklich Privates zu besprechen hat, geht man in Zukunft jedenfalls lieber auf den Balkon.

Welche dadaistischen Qualitäten Alexa hat, konnte man vor kurzem sehen, als ein Nachrichtensprecher den Satz »Alexa, order me a dollhouse« vorlas – und in allen Haushalten, in denen der Fernseher lief und Alexa installiert war, das dortige Alexa-System, weil angesprochen, das tat, was der Fernseher gesagt hatte.
Könnte also sein, dass es sehr effektvoll aussehen wird, wenn man sich mit einem Megafon vor ein mit Alexa ausgerüstetes smartes Hochhaus stellt und ruft: Alexa, alle Vorhänge auf! Kaffee kochen! Polizei anrufen!

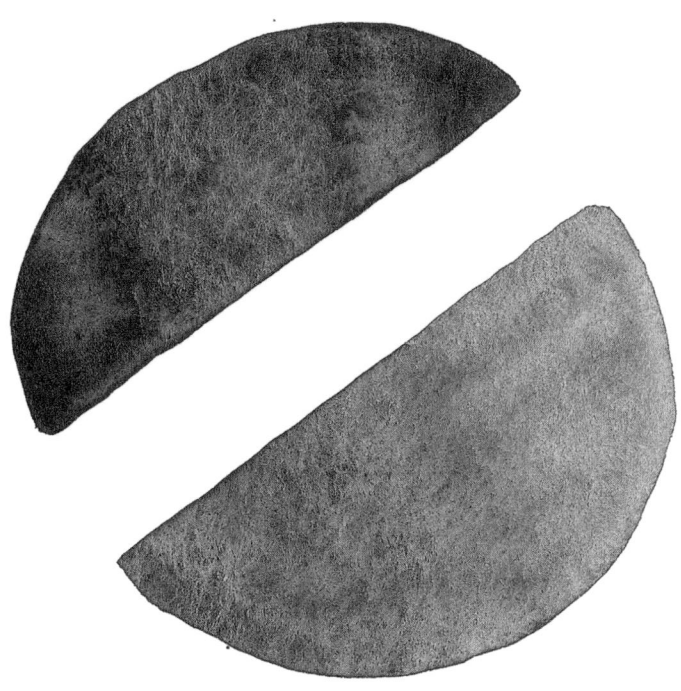

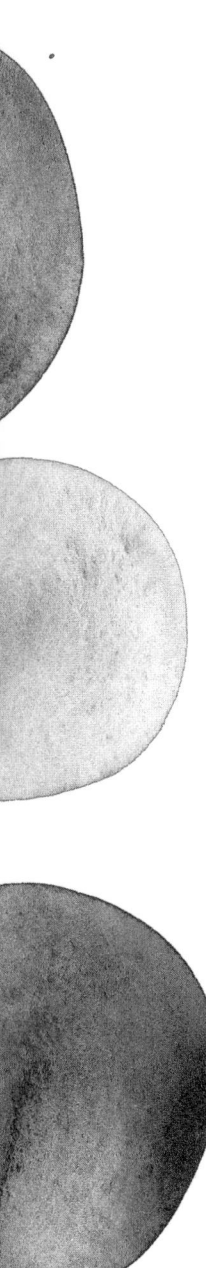

Wir gingen nicht in die Roboterhäuser.
Wir gingen auch nicht in die Reichen-
bach Hall, »New York City's largest German Beer Hall«, obwohl uns eine Frau
mit sieben Bierkrügen im Arm auf einem sehr großen Plakat dazu energisch
aufforderte. Wir gingen zum Bryant
Park und legten uns auf den Rasen und
schliefen eine Runde (die Lauferei er-
wies sich doch als anstrengend, und wir
hatten die völlig falschen Schuhe an).
Jedenfalls versuchten wir zu schlafen,
was mitten in der Stadt gar nicht so einfach ist. Ich lag auf der Wiese und
schaute auf eines der wenigen Häuser,
in dem noch jemand zu wohnen schien
und das es geschafft hatte, sich gegen
den Bürobauboom der sechziger Jahre
durchzusetzen. Damals wurden reihen-
weise Wohnhäuser aus dem 19. Jahrhundert abgerissen, jetzt werden überall
Wohnhäuser gebaut. Das ist vielleicht
der grundlegendste Wandel von Manhattan: So, wie es seit 1960 mit Gewalt in
das Weltzentrum der Bürotürme verwandelt wurde, so wird man bald die
Bürotürme abreißen, um Luxuswohn-
türme zu bauen. Fast jeder bedeutende
Architekt – Frank Gehry, Richard
Meier, Herzog & de Meuron – hat in
Manhattan einen Luxuswohnturm
gebaut. Man kann mit Wohnen mehr
Geld verdienen als mit Arbeit: Diese
utopische Lehre des postindustriellen
Kapitalismus bildet sich auf Manhattans
Baustellen vor allem ab. Der klassische
Angestellte, der einfach seine Arbeit
macht, könnte bald zu den bedrohten
Spezies zählen.

Ich mochte den Bryant Park, dem das Wintergarten-Restaurant der Public Library und die hohen Bäume, in deren Mitte sich eine völlig freie Grünfläche befindet, etwas Festliches geben. Ich mochte die drei Bürotürme an der Avenue of the Americas Nummer 1221, das 1969 gebaute McGraw-Hill Building, das wie das alte World Trade Center nur aus senkrechten Linien zu bestehen scheint: die Stadt verwandelt sich hier in ein abstraktes Kunstwerk. McGraw-Hill ist wirklich eher eine gigantische Land-Art-Skulptur als städtische Architektur: 200 Meter lange senkrechte Linien, schwarz und grauweiß, hinter denen gearbeitet wird. Das Gegenteil der Wohlfühl-Stadt.

Vier Farben von Manhattan: das leuchtende Orange der Baustellen. Das warme Dunkelgelb der Taxis, das auch das Gelb der Ampelgehäuse ist und der Markierung der Gefahrenzone in der Subway und der Mittelstreifen auf der Straße. Das Rot der Brownstones und der roten Neonschriften, ein Licht, das es schafft, gleichzeitig Licht zu sein und die Stadt dunkler wirken zu lassen.

Dann: das dick aufgetragene Schwarz der Feuerleitern und das Schwarz der vielfach überlackierten schmiedeeisernen Geländer an den alten Häusern, deren Verzierungen unter dicken Farbschichten immer ungenauer zu erkennen sind. Das Manhattan-Gefühl setzt sich aus diesen Farben zusammen und aus den seltsamen Kontrasten: aus den Autos, die auf den Avenues alle in eine Richtung losdonnern, und der Stille des Central Park; aus dem Cartesianismus der glatten, gigantischen Glastürme und dem Chaos der kleinen Windfänge und Vorbauten, mit denen die Restaurants in den Gehweg ragen; aus den Läden, denen man von außen ansieht, dass der Lunch 140 Dollar kosten wird, und den Food Trucks, die vor den noblen Fassaden wie Seepocken am Riff hängen und das billige, demokratische Manhattan verteidigen; aus dem Chaos der nach oben verbauten Blicke und dem Erstaunen, wie weit man die Avenues und die Straßen hinunter- und hinaufschauen kann, fast durch die ganze Insel und vom Hudson bis zum East River; aus dem Gurgeln der eisernen Gullydeckel-Raster bei Regen, dem durch Fallwinde hervorgerufenen Klappern eines kaputten Regenschirms in einem Papierkorb, der wirklich ein dunkelgrüner Korb ist, und den irren Maßstabssprüngen zwischen den Türmen und den uralten kleinen Häusern, die wie überraschte Kaninchen dazwischen hocken – ein schmales Townhouse mit Mansardendach steht da hinten, wie überrascht nach einem hundertjährigen Schlaf, zwischen zwei Türmen, es lehnt sich leicht in seine Lücke zurück, als hätte es Angst, dass es, wenn es entdeckt wird, vielleicht doch noch abgerissen werden könnte.

Ein Paar, beide Mitte 40, sitzt in einem Auto an einer Ampel auf dem Broadway. Auf dem Kennzeichen steht »New Jersey – The Garden State«. Hier lebt das Paar offenbar. Der Mann, mit Brille, hat graue Haare und eine hohe Stirn, er trägt ein Hemd, das ihm zu groß ist, aus dem er herausschaut wie ein erstauntes Kind, es ist ein Hemd, wie es Mütter ihren Söhnen gegen deren Willen an Feiertagen oder bei Familienbesuchen anziehen. Unter dem Hemd trägt er ein ausgeleiertes graues T-Shirt. Schweiß läuft ihm ins Gesicht. Die Frau neben ihm ist blass und von empörter Hagerkeit; sie hat kleine Augen und einen schmalen Mund, den sie mit einem pinkfarbenen Lippenstift bemalt hat. Das Auto ist ein Honda Odyssee, ein Familienvan mit Kindersitzen im Fond. Hinten sind die fünf Plätze aber leer. Es sind keine Kinder dabei, sie sind beim Babysitter oder bei den Schwiegereltern untergebracht, um mal wieder in Manhattan auf dem Broadway auszugehen, ein Geburtstagsgeschenk vielleicht, das jetzt eingelöst wird, wer weiß. Das Paar ist offenbar allein in seinem Transporter, der nichts transportiert, auf Odyssee in ein verschüttetes Privatleben als Paar. Sie parken einen Block weiter umständlich ein: Während der Mann angestrengt am Lenkrad kurbelt und hektisch, fast taubenartig, mit dem Kopf

vor und zurück ruckt (der Wagen steht schräg zum Bordstein, er muss noch einmal aus der Lücke heraus- und wieder hineinmanövriert wurden), sitzt sie regungslos, wie ein verlorenes Kind in einer großen Halle, auf dem Beifahrersitz hinter der Panoramascheibe, nur durchgeschüttelt von den ruckhaften Versuchen, den Odyssee in die Lücke hinein zu bugsieren (er hat wieder den Bordstein falsch eingeschätzt, der vordere Reifen gibt ein jammerndes Quietschen von sich). Nachdem sie ausgestiegen sind (er verschließt den Wagen mit der Fernbedienung, die die Blinker des Autos grell aufblitzen lässt), legt sie sich einen beigefarbenen Schal über die Schultern. Er öffnet den Wagen noch einmal und holt einen Kapuzenpullover von der Rückbank, den er sich über das zu große Hemd zieht. Sie umkreisen das Auto wie in einer Choreografie, die sie einstudiert haben, wandern parallel ein paar Schritte, ohne sich anzuschauen oder zu berühren, und tauchen kurz danach im Gedränge des Broadways unter.

6TH AVENUE

Im gewohnten Geheule der Sirenen,
das ja keinen Ausnahmezustand mehr
signalisiert, sondern, wie anderswo
am Meer der Wellendonner, die beruhi-
gende Gewissheit stärkt, in New York
zu sein, der ungewohnte Lärm einer
Demonstration: John steht mit einem
Auto, dessen Türen mit Slogans beklebt
sind, vor dem Büro von Verizon. Er soll
versetzt werden, weg von den Kindern,
für ein paar Monate, in einen anderen
Staat. Die anderen Demonstranten sind
schon entlassen worden.

Das Telefon klingelte, Isy Goldwasser rief an. Ich hatte ihn in Menlo Park getroffen, wo er mir ein Gerät vorgestellt hatte, von dem er und seine Investoren glauben, dass es die Welt verändern könnte und eine ganze Tablettenindustrie, die Herstellung von Tranquilizern und Aufputschmitteln und Schlaftabletten und Stimmungsaufhellern überflüssig machen würde.

Goldwasser ist Chemiker und Neurowissenschaftler. Als ich ihn das erste Mal traf, hatte er ein kragenloses graues Hemd an, weswegen man das Tattoo auf seinem breiten Nacken sehr gut sehen konnte; es stellte einen DNA-Strang dar. Das Gerät, das er mit Kollegen von Harvard und Yale entwickelt hat, hatte er in einem kleinen Karton verpackt. Was die Zukunft verändere, finde an den Schnittstellen von Körper und Computer statt, hatten sie in dem kleinen Geschäft gesagt, das Goldwassers Erfindung in Palo Alto verkauft – und das »Thync« sei das erste Konsumprodukt dieser Art. Es ist eine Art ergonomisch geformter Deckel, den man sich auf die Stirn legt; und es soll durch Elektro-Impulse Nervenzellen anregen, die wiederum im Gehirn Prozesse auslösen, die entweder zu Entspannung oder Konzentration führen. Bedienen kann man das Gerät über eine App – womit der eigene Kopf, das Gehirn, das eigene Empfinden mit der digitalen Welt vernetzt wird: Auch das Ich kann – mal angenommen, das Ding funktioniert wirklich – ab sofort per App angesteuert werden. Isy Goldwasser hatte mir bei

unserem letzten Treffen das Thync der zweiten Generation vorgeführt. Er holte aus seinem Koffer eine Art Kopfhörer, den man sich um den Hals legt – wobei es seine Signale auf einen Wirbel am Nacken aussendet, dorthin, wo Goldwasser sein Tattoo trägt. Goldwasser hatte das Gerät per App auf »calm« geschaltet, und es begann, ein leichtes Brummen von sich zu geben, wie eine zufriedene Katze, die ihr Besitzer an der immer gleichen Stelle krault. Zehn Minuten, hatte Goldwasser gesagt. Der Barkeeper schaute misstrauisch, was in der Sofaecke vor sich ging, und draußen zog vom Pazifik her eine elegant dunstige Hochbewölkung ins Bild, es prickelte im Genick, der Sekundenzähler drehte gelangweilt seine Runden. Wenn es funktioniert, dachte ich, und man fährt danach Auto und ist so entspannt, dass man in den Graben rollt: Wer haftet denn dann eigentlich? Und kann man Thync überdosieren, hat Thync dann den gleichen Effekt wie Kokain? Kann man sich per App beruhigen? Ist Thync eine Art Elektrodroge, kann man abhängig werden, überdosieren, könnte es durch andauernde Neurostimulation Spätschäden geben, gilt der Satz »Ich denke, also bin ich« auch noch, wenn das Denken über Thync gesteuert wurde?

Alles Fragen, die sich nur stellen, wenn Thync überhaupt außer einem äußerlichen Prickeln irgendetwas bewirkt. Ich rief den Berliner Neurowissenschaftler Mazda Adli an. Er sagte, das Ding schade nicht, aber es werde vermutlich auch nichts bewirken. Nach zehn Minuten tauchte Goldwasser wieder auf und fragte wie ein besorgter Chefkoch, wie es denn funktioniert hätte. Tja. Was soll man sagen?

Das Einzige, was anders war als sonst, war das Verhalten des Kellners, der beim Verlassen des Rosewood Hotels hinter mir herrannte; ich hatte nach zehn Minuten Thync vergessen, die Cola zu bezahlen, die sich Isy Goldwasser während des Tests bestellt hatte; vielleicht wirkte das Ding, das Goldwasser liebevoll in seinen Karton zurücksteckte, ja doch.

41ST STREET

Jake, der eigentlich Jacob heißt, saß am Tresen der Sports Bar Delancey's und erzählte von einem *Speed Dating Event* für *Single Professionals* zwischen 30 und 45, an dem er gerade teilgenommen hatte.

Er hatte im Internet einen Platz reserviert, 35 Dollar überwiesen und eine Einladung in die Etcetera Etcetera Bar in der 44th Street bekommen. Die Bar lag in der Nähe des Broadways. Er hatte die Subway genommen und war zehn Minuten zu früh gekommen. Vor der Tür der Bar standen ein paar Männer und Frauen, die nicht aussahen, als seien sie auf der Suche nach einem Partner. Die Veranstaltung fand im ersten Stock statt, eine Treppe hinauf, vorbei an roten Wänden, an denen sich gerahmte Bilder von Christos Surrounded Islands befanden.

Er wurde von einer sehr gutaussehenden Frau empfangen, die leider nur die Moderatorin des Abends war. Jeder bekam einen Zettel mit einer Liste, auf der er Punkte vergeben konnte. Es wurde empfohlen, die Liste so zu falten, dass die Kandidatinnen sie nicht sehen würden. An einer Bar wurden Drinks verkauft.

Als wir Jake trafen, trug er den halb ausgefüllten Zettel immer noch in seiner Tasche. Jedes Date hatte genau fünf Minuten gedauert, danach hatte die Moderatorin geklingelt, und die Männer mussten im Uhrzeigersinn die Tische wechseln.

Es war eine traurige Veranstaltung gewesen, sagte Jake, etwas für Leute, die sich nicht trauen, auf Tinder zu gehen. Fast alle Frauen kamen aus Osteuropa – aus Polen, Ungarn oder Albanien – oder aus New Jersey. Die Männer waren Angestellte oder Maschinenbauer oder Anwälte, es war ein großer Dünner dabei, der ein Tweedsakko und einen sehr strengen Seitenscheitel trug und gern in Musicals ging, und ein lauter, dicker Mechatroniker mit einem Kinnbart, der sich selbst für den Abend eine forsche Herzlichkeit verschrieben hatte; in der Tasche seiner Jeansjacke steckten drei Kugelschreiber, von denen er einen zückte, um vor den Augen der Kandidatinnen Plus- und Minuszeichen in seine Liste zu malen.

Jake traf an diesem Abend Nathalie aus Belgien, die einen kleinen Kopf und dünne Lippen hatte und einige sardonische Scherze riss; Olga und Monica aus Polen, die Freundinnen waren und beide dick; während er gelangweilt mit ihnen redete, kicherten sie einander zu.

Er traf Dijana, die nach einer persönlichen Enttäuschung einen Neuanfang versuchen wollte (oder war das Danijela gewesen?), und Lorenta, die aus dem Kosovo kam und Brokerin war; sie hatte sehr große Hände, muskulöse Arme und ein breites Kreuz.

Er traf die Japanerin Misuzu, die als Make-up Artist arbeitete, und eine spitzmausartige Jugoslawin, die Chefin einer Starbucks-Filiale war.

Er traf außerdem die sehr blonde Sheri aus New Jersey, die 90 Kilo wog und ein weit vorstehendes Kinn hatte.

Am besten gefiel ihm Mimoza aus Albanien, die als Angestellte in irgendeiner Filmfirma arbeitete und sehr herzlich lachte, als er nachfragte, ob sie Mimoza heiße wie die Blume.

All diese Frauen saßen wie versteinert an ihren Tischen – es war, sagte Jake, ein wenig wie auf dem Einwohnermeldeamt, mit verschiedenen Schaltern, an denen gedämpft gesprochen wurde. Nur das kreischende Lachen von Sheri platzte manchmal in das monotone Gemurmel.

Die Kandidatinnen erzählten auf Jakes Frage, was sie am Wochenende gern machten, dass sie gern Pancakes backen und gern in die Karibik fahren würden, die Dicke aus New Jersey ging gern mit Freundinnen tanzen, einige machten Yoga (offenbar erhofften sie sich von der Erwähnung ihrer Yogafähigkeiten einen Vorteil in der Bewertung, es war fast immer das Erste, was sie fallenließen). Nach 90 Minuten gingen alle schlagartig wieder. Er hatte danach die Auswahl von Frauen, die ihm gefallen hatten und seine Telefonnummer vermittelt bekommen dürften, an NY Minute Dating geschickt (er nannte nur drei: die mausige Jugoslawin, Lorenta und Mimoza) und wartete auf ihre Antworten; wenn sie auch ihn angeben würden, gäbe es ein Match. Am nächsten Morgen hatte er herausgefunden, dass nur eine von den dreien, nämlich die Jugoslawin, ihn bestätigt hatte.

So, sagte er deprimiert, werde es auch nichts.

Hier rechts, im größten Rummel des Broadways, gleich hinter dem Geflacker der Neons, liegt in einem alten Haus, das an einen geschrumpften Renaissancepalast erinnert, der Century Club. Der Century Club hieß einmal »Sketch Club« und wurde 1847 von dem Poeten William Cullen Bryant gegründet, um die Künste zu fördern, seit 1989 werden, trotz heftiger Proteste, auch Frauen aufgenommen. Härter traf die Mitglieder aber das vom unseligen Bürgermeister Michael Bloomberg durchgesetzte Rauchverbot, das einer jahrhundertealten Tradition, sich nach dem Drink in einer Schublade mit Tabak und Zigarren zu bedienen, ein Ende setzte.

Ich traf dort einmal den berühmten Grafiker und Zeichner Christoph Niemann, der im ersten Stock zwischen Bücherregalen, alten Spiegeln, Orientteppichen und Ohrensesseln in einem geisterstillen Saal saß, in dem das einzige zu vernehmende Geräusch das Quietschen und Klirren eines alten Servierwagens voller Whiskyflaschen war – er wurde von einem wirklich steinalten Kellner, der ihn wie einen Rollator benutzte, in einem andächtigen Tempo herbeigeschoben.

Zwei Menschen, er im Anzug, sie trägt ein Kostüm (vielleicht sind sie, wie man so sagt, Geschäftspartner) gehen nebeneinander Richtung Norden. Manchmal schlägt ihre Handtasche an seinen Arm. Am Bryant Park bleiben sie kurz stehen, dann verschwinden sie in der Menge.

Seit es die Highline gibt, den zweieinhalb Kilometer langen Park auf den Gleisen einer stillgelegten Hochbahn, hat sich der Tourismus in den Süden Manhattans verlagert. Das neue Whitney Museum hat inzwischen mehr Besucher als das Guggenheim am Central Park, die alten Lagerhäuser werden zu Galerien, Restaurants und Wohnungen umgebaut. Die Highline war 1929 für die Güterzüge, die von der 35th Street nach Süden in den Meatpacking District, das Schlachterviertel, fuhren, gebaut worden. Vorher waren die Frachtzüge der West Side Line wie Trambahnen im Verkehr auf der 10th Avenue gefahren, was zu so vielen schweren Verkehrsunfällen führte, dass man die Straße auch Death Avenue nannte. Heute liegen auf der Highline Touristen und New Yorker in der Sonne und spielen an ihren Telefonen herum, und es sieht aus wie ein Ausblick in die Zukunft der Stadt, in der keiner mehr arbeitet, weil die Arbeit komplett von Robotern erledigt wird und die Menschen ihr bedingungsloses Grundeinkommen in Luxusläden und Galerien verfeiern und sich ansonsten die Zeit in der Sonne vertreiben und lesen und schlafen: Es könnte sehr schön und auch sehr langweilig werden.

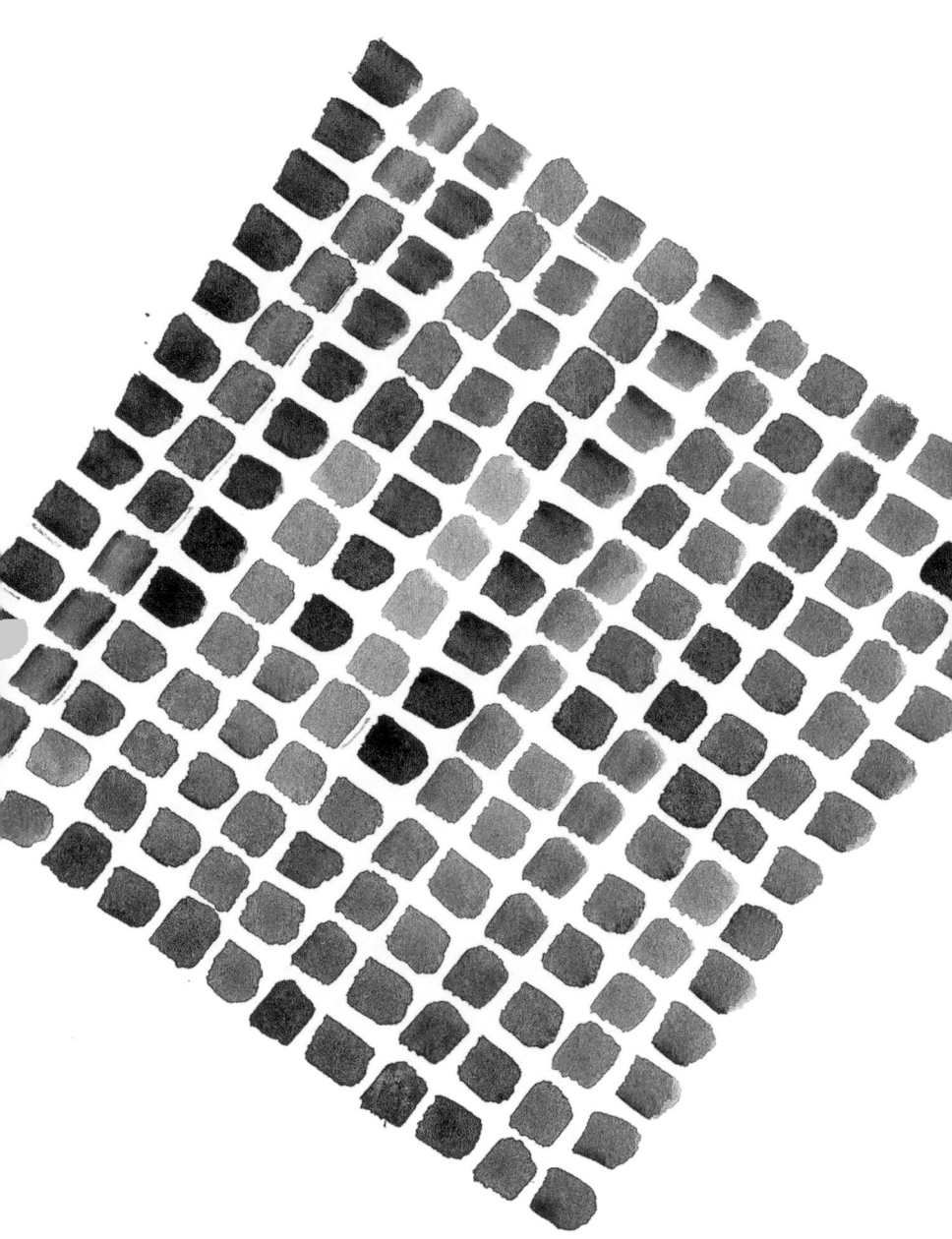

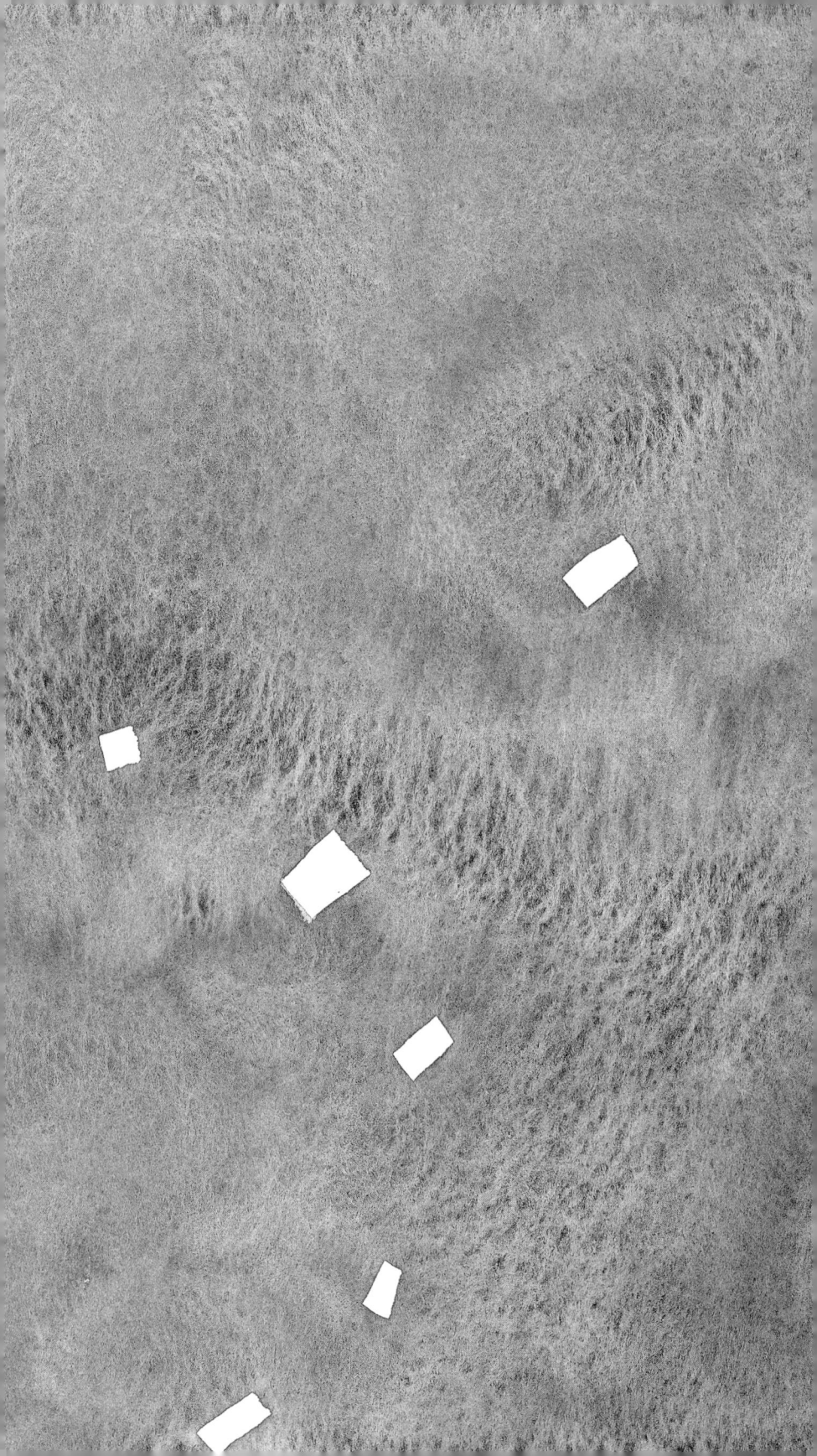

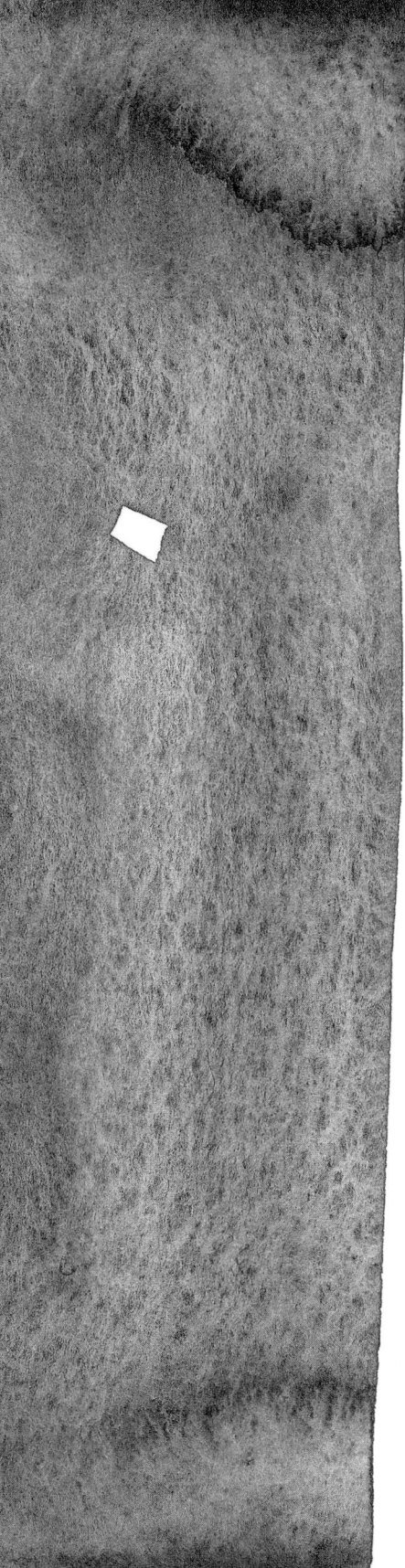

WEST 53RD STREET
Das Hilton Hotel sieht seltsamerweise stark nach Osteuropa aus.

6TH AVENUE | 55TH STREET
L. erzählt von einer Schauspielerin, die es schaffte, sich an einem Abend auf 33 Eröffnungen in Manhattan fotografieren zu lassen. Sie war bei jedem Event nur ein paar Minuten gewesen, ein Geist, den es nur auf Bildern gibt.

Ein chinesisches Restaurant. Maeve Brennan erzählt 1958 im *New Yorker*, wie eine Freundin ihrer Freundin damals in ein chinesisches Restaurant essen ging und Glückskekse bestellt, und der Kellner bringt ihnen welche, in denen die üblichen Weisheiten stehen – »Wenn Sie vielseitig sind, wird Ihnen dies Selbstvertrauen schenken« oder »Ja, Sie werden Glück haben«. In einem aber stand »Hilfe, ich bin Gefangener in einer chinesischen Bäckerei«.

Es lief das neue Album von Bruce Springsteen, der erste Song, der *Baby I* heißt, den er 1967 mit seiner Band The Castiles einspielte, und er klang so sehr nach dem melodiösen Optimismus der sechziger Jahre, nach einem leicht zum Randalehaften tendierenden Motown-Glamour, nach Sonnenbrillen und verwüsteten Cocktailkleidern und leicht heruntergerockten Straßenkreuzern mit elektrischem Verdeck und gigantischen Haifischflossen, nach Verschwendung und einem Leben mit aufgedrehtem Regler und den ganzen Versprechen des zukunftsfreudigen Moon Age, dass man sofort gern an der exakt gleichen Stelle von Manhattan gestanden wäre, nur eben im Jahr 1969, und davon geträumt hätte, wie toll alles erst im kommenden Jahrtausend werden würde.

L. verabschiedete sich, weil sie zu ihrer Tochter musste, und ich ging allein weiter. An einer Ecke standen zwei Herren mit Börsenfrisuren; sie trugen elegante schwarze Koffer und elegante braune Schuhe und sahen aus, als ob sie sehr edle Visitenkarten bei sich führten, dickes Papier, Prägedruck, vielleicht ein Wappen ihrer Beraterfirma ins Papier gepresst, und der Name in locker gesetzten, wie in Stein gemeißelten antiken Großbuchstaben darunter: MICHAEL X BURFIELD. Ihre nach hinten geföhnten und in dieser Position mit Spray festbetonierten Haare bildeten zwei Eigenhaarhelme, die den beiden etwas Ritterliches gaben. Sie redeten miteinander und lachten abwechselnd. Man konnte nicht verstehen, was sie sagten. Man sah nur das weiße Leuchten ihrer makellos geweißten Zähne, die wie Blinkzeichen an- und ausgingen, als Zeichen, dass man das Gesagte verstanden hat.

Dann fing es an zu regnen. Genau genommen war es eher ein hinterhältiger Wolkenbruch, der, begleitet von einer beeindruckenden schwarzen Wand, ohne jede Vorwarnung über die Brooklyn Bridge in die Stadt hineingerast kam und binnen Sekunden alles unter Wasser setzte und an den hängenden

gelben Ampeln zerrte. Die Taxis verlangsamten ihre Fahrt, sie schienen jetzt in einem Flussbett zu fahren, und an ihren Reifen bildeten sich majestätische weiße Flügel aus Spritzwasser, die an Schwäne erinnerten. Von der Kreuzung her kamen überraschte Schreie von Leuten, die erstaunt waren, wie viel Wasser auf einmal auf sie niederging, zwei Touristinnen trippelten, als müssten sie über kochend heiße Platten laufen, in Richtung Subway, jemand klappte einen kleinen billigen Regenschirm auf, den er für acht Dollar an der Ecke bei einem Pakistani gekauft hatte, und wanderte erfreut über die Straße, wo eine Sturmbö unter das Gestänge fuhr und den Schirm nach oben umkrempelte. Ein Paar hatte sich in einen schwarzen Müllsack eingehüllt und lief wie ein Schwarzbär mit zwei übereinander angeordneten Köpfen Richtung East River.

Ich betrat ein Café, in dem sie dänischen Kuchen verkauften. Unter dem Vordach der Tür standen ein paar Touristen und warteten, dass der Regen aufhören würde. Die Männer mit den Eigenhaarhelmen saßen an einem Tisch und legten Ladegeräte und Telefone zum Trocknen aus. Von ihren Frisuren war nicht viel übrig geblieben, Haarbüschel standen ihnen in alle Richtungen vom Kopf ab; sie saßen mit offenen Mündern vor ihren aufgeklappten Koffern und betrachteten die Schäden, die die Überschwemmung darin angerichtet hatte. »It doesn't work«, murmelte einer von ihnen und knetete nervös an seinem iPhone herum, um es wiederzubeleben, aber die Oberfläche blieb undurchdringlich schwarz. Der Mann starrte auf das tote Display und sah sich selbst und die in Unordnung geratene Frisur; das Telefon war jetzt immerhin ein guter Spiegel, vor dem er seine Haare mit der rechten Hand hinter die Ohren streichen konnte.

Der Mann an der Kasse, der das dänische Gebäck verkaufte, nahm wortlos Bestellungen und Geld an und überreichte ebenso wortlos Kuchen und Kaffee in braunen Bechern und gähnte ein bisschen und starrte in den dichten Regen vor der Tür, in dem die vorbeifahrenden Autos nur noch ein abstraktes Farbflimmern waren. Wenn niemand etwas bestellte, betrachtete er seine Fingernägel und überprüfte mit der Zunge etwas in seinem Mund.

Er sah aus, als ob er selbst aus Dänemark stammte und ein wenig Heimweh hätte nach so schönen Wörtern wie Rødgrød oder Kødhakkemaskine oder Ejendomsserviceassistentuddannelsen.

Draußen floss das Wasser in seltsamen Arabesken durch die Löcher im Asphalt und strudelte in die Gullys. Die Autos mussten jetzt einen Bogen fahren um einen tiefen See, der sich in der Mitte der Straße gebildet hatte, das Ganze erinnerte an die große Überschwemmung von 2012, als Superstorm Sandy über Jamaica erst nach Kuba raste, wo er am frühen Morgen des 25. Oktober am Playa Mar Verde auf die Küste traf und ein paar Tage später New York erreichte und die Stromversorgung kappte und das Wasser des Hudson River hüfthoch in die Straßen von Lower Manhattan und die Bahnhöfe und Tunnel trieb und die geparkten Autos ineinander spülte und auf über einen Meter anstieg und in die Galerie von David Zwirner und die anderen Läden in Chelsea lief, deren Besitzer nicht geglaubt hatten, dass sie ernsthaft alle Gemälde aus dem Lager in die oberen Stockwerke tragen müssten.

Das Meer, dessen Nähe sonst nur ein euphorisches Versprechen in den Straßen von Manhattan ist, war plötzlich mitten in der Stadt oder zumindest in ihren tiefer liegenden Teilen.

Manhattan war damals im Dunkeln erstarrt, keine Lampe ging mehr, nichts fuhr, und unten lief lautlos das schwarze Wasser in die Straßen, es war wie eine friedliche, schleichende Variante der Horrorfilme, in denen gigantische Tsunamis oder genmanipulierte Seemonster oder unfreundliche Aliens New Yorks Hochhäuser umknicken und ins Meer reißen.

Schon die Lenape, die Ureinwohner von Manhattan, fürchteten das offene Meer. Erst später, mit dem Erfolg des New Yorker Hafens, entwickelte sich daraus ein pragmatisches Verhältnis, später dann ein euphorisches: Die Möwen über dem Hudson River, die großen Schiffe, der Slogan »Going to the Hamptons?« über dem Tresen des Barney Greengrass Restaurant, die Pearl Oyster Bar in der Cornelia Street, wo es die besten Austern der Stadt gibt, das Maritime Hotel mit seinen Bullagen – alles erinnert daran, dass es kurz hinter der verdichtetsten Stadt der Welt ein paar sehr schöne Strände und den offenen Atlantik gibt, und die New Yorker Idealvorstellung vom gelungenen Leben ist ein Apartment in der Stadt und ein weißes Holzhaus draußen in den Dünen von Fire Island oder Amagansett, mit Blick auf den Atlantik. Die Moderne war ja eine einzige Annäherung ans Meer – die Häuser, die am Rockaway Beach von der Flut weggespült wurden, gab es erst seit dem 19. Jahrhundert. Die Insel galt als unbesiedelbare Sandzunge im Meer, bis der deutsche Immigrant Louis Hammels beschloss, eine Bahnlinie bauen zu lassen, und 1897 ein Wochenend-Bad am Meer eröffnete. Vielleicht kommt aber mit den steigenden Pegeln die alte Skepsis zurück, die schon die Lenape-Indianer weit hinter die Dünen und auf die erhöhten, erst spät von den Siedlern eingeebneten Felsen von Manhattan trieb.

Von hier aus sieht man den Trump Tower. In den oberen Etagen brennt das Licht, dort liegt die Wohnung von Donald Trump, dort lebt Melania Trump, dort geht Barron Trump ins Bett, nachdem er, wie man den Illustrierten entnehmen kann, den Nachmittag an einem goldenen Tisch vor goldenen Wänden in einem auf moderne Deckenhöhe heruntergekürzten Nachbau, ach was, einer Überbietung des Spiegelsaals von Versailles verbracht hat.

Vor ein paar Tagen waren Demonstranten gekommen und immer im Kreis um den Block herumgelaufen, als sei der Trump Tower eine riesige Kaaba. Sie wurden dabei, wie Schafe von Schäferhunden, von einem Dutzend Polizisten zusammengetrieben, die auf Motorrollern um die Demo herumknatterten, was der Szene etwas Surreales und Heiteres und Italienisches gab. Ein paar weitere Polizisten, Mitglieder der Technical Assistance Response Unit, kurz »TARU«, liefen neben der Demonstration her und filmten jedem Teilnehmer aus nächster Nähe mitten ins Gesicht. Sie hielten den Demonstranten ihre Kameraobjektive wie Gewehrmündungen vor die Nase – und wenn jemand, wie im Western, sein Mobiltelefon zog und zurückfilmte, wurde er sofort herausgeholt und musste Papiere und Telefon vorzeigen.

Hier tobte eine neue Art von Kampf. Selten wurde den Leuten deutlicher gemacht, dass die Erfassungsgesellschaft jeden Schritt, jedes Gesicht aufzeichnet und keine einschüchterungsfreie Privatsphäre mehr zulässt. Wir sehen euch, wir merken uns eure Gesichter: Das war die Botschaft an alle, die von ihrem Versammlungsrecht Gebrauch machten. Drinnen im Tower konnte man dafür eine superweiche Plüsch-Nachbildung von Eric Trumps Beagle kaufen.

Was man von außen nicht sieht, ist, dass der Trump Tower eines der schwersten Hochhäuser der Welt ist. Er wurde komplett aus Stahlbeton gebaut, obwohl man damals, 1983, als der Turm eröffnet wurde, eigentlich alle Hochhäuser in Stahlträgerbauweise errichtete. Der Journalist David C. Johnston hat viel darüber geschrieben und spekuliert, warum Trump den Turm genau so bauen ließ und warum er die Unmengen an Beton, die man dafür brauchte, ausgerechnet bei dem New Yorker Bauunternehmen HRH Construction kaufte, ein Bauunternehmen, das Anthony Salerno und Paul Castellano gehörte.

Anthony Salerno wurde 1911 in East Harlem als Sohn sizilianischer Einwanderer geboren und stieg in den achtziger Jahren zum Boss der Genovese-Familie auf, einem von fünf New Yorker Mafia-Clans. 1981 übernahm er die Nachfolge des verstorbenen Bosses Frank Tieri.

Paul Castellano war vier Jahre jünger als Salerno. Er war der Sohn eines italienischen Metzgers in Brooklyn, der als Mitglied der kriminellen Mangano-Bande nicht nur Tiere kleinmachte. 1934 wurde er das erste Mal verhaftet, verriet aber seine Komplizen nicht, was seinen guten Ruf in der Mafia begründete. Castellano setzte auf Wirtschaftskriminalität, die weniger intensiv verfolgt wurde als Drogenhandel, Pro-

stitution und Glücksspiel, und kassierte lediglich Gewinnbeteiligungen bei der sizilianischen Cosa Nostra, die auch mit Heroin und Kokain handelte. Castellano wusch das Geld der Mafia in legalen Baufirmen. Auch Salerno kontrollierte Betonfirmen wie S & A und machte Millionen mit einer illegalen Lotterie, ließ sich aber sonst, wenn man seinen Biografen glauben darf, mit Ausnahme ständiger Auftritte im Palma Boys Social Club in East Harlem, selten in Mafia-Bars und auf Mobster-Partys sehen.

Weil das FBI 1983, als der Trump Tower eröffnet wurde, diverse Büros von Gewerkschaftern und auch den Jaguar des Mafiabosses Anthony Corallo verwanzt hatte, mit dem Salerno Geschäfte machte, wurde der nur drei Jahre nach der Fertigstellung des Trump Tower zu hundert Jahren Haft verurteilt. Castellano wurde am 16. Dezember 1985 vor dem Sparks Steak House im Auftrag des Mafiosos John Gotti, der anders als Castellano auch direkt am Drogenhandel teilnehmen wollte, von vier Männern erschossen. Salerno starb 1992 in Haft; im gleichen Jahr wurde auch Gotti zu lebenslanger Haft verurteilt: Geschichten, die in die Wände des Trump Tower mit einbetoniert sind.

Jetzt brannte dort Licht; vielleicht machte Melania Trump ihrem Sohn Barron gerade einen Milkshake.

58TH STREET

Ein abgenagter Rippenknochen liegt im Rinnstein, daneben eine alte Zeitung, in der Arnold Schwarzenegger zu sehen ist. Der Schock des Knochens. Die Schlachter sind verschwunden aus New York, aus den Städten – mit ihnen das Dreckige und Blutige und Rohe: Im Meatpacking District gibt es nur noch Gegenwartskunst und Hosen.

L. kauft im Deli einen sehr gesund aussehenden grünen Grünkohlsaft und Sandwiches.

CENTRAL PARK I

Am Ende der 6th Avenue sahen wir ein paar Pferde, eine Kutsche und Bäume. Hier hörte die Stadt auf: Man sah Felsen und Kiefern und sogar ein paar Palmen (wie überleben die hier?). L. packte die Salate aus, die wir in der 58th Street im Deli gekauft hatten, einen Felsen benutzte sie als Tisch. Der Wind türmte ihre Frisur zu einem beeindruckenden Gebilde, das sich der Skyline hinter dem Central Park anzupassen schien, und riss eine Plastikgabel in den Abgrund. Es war still, und der Himmel wurde grau. Ein Mann fotografierte mit seinem Mobiltelefon ein Gebüsch, und ein Paar beeilte sich, aus seinem Bild zu entkommen. Da waren Enten und Ruderboote und die Hochhäuser von Midtown, aus denen der schmale Wohnturm an der Park Avenue Nummer 432 über die Bäume ragte, wie ein Ausrufezeichen, dass es in dieser Stadt in Zu-

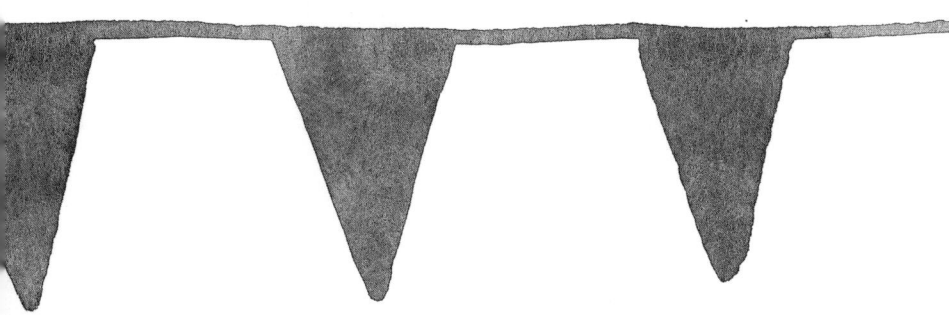

kunft ums Wohnen gehen soll, dass nicht mehr die Büro-Hochhäuser, die die großen Konzerne bauen, wie das Chrysler oder das AT&T Building, die Skyline bestimmen werden, sondern die Spekulation mit Apartments. Im über 300 Meter hohen One57, das der französische Architekt Christian de Portzamparc, der einst mit sozialem Wohnungsbau bekannt wurde, entwarf, kostet das Apartment mit drei Schlafzimmern um 27 Millionen Dollar, bewohnt sind nur wenige. Die blau schimmernde Fassade soll an einen Wasserfall erinnern, die Naturromantik der amerikanischen Landschaftsmalerei – Wasserfall, Berg, hohe Tannen – schlägt sogar bis hier durch. Das Penthouse wurde für mehr als 90 Millionen Dollar an ein Investoren-Konsortium verkauft, das nun mit ansehen muss, wie die Bewohner des von Rafael Viñoly entworfenen noch deutlich höheren und dünneren Hoch-

hauses »432 Park Avenue« zu ihnen herunterschauen. Der über eine Milliarde Dollar teure Turm ist das höchste Wohnhaus der westlichen Welt, weswegen das Penthouse auch noch ein bisschen teurer war als beim Wasserfallturm. Die extrem rationale Fassade, die aus nur sechs quadratischen Fenstern pro Stock besteht, schießt in derart schwindelerregende Höhen, dass der Effekt des rationalen Rasters ein Bild des Wahnsinns ist. Es ist so beliebt, weil es unökonomisch ist. 432 ist der rationalste Mittelfinger, der der durchrationalisierten Welt der Finanzen gezeigt wird, und auch ein Bild von deren untergründigem Irrsinn. Die anderen Wohntürme wachsen schon – über dem historischen Steinway Building streckt sich auf nur knapp 20 mal 20 Metern ein 430 Meter hoher Turm in die Luft, der einmal der dünnste Wolkenkratzer der Welt sein wird – mit nur 45 Woh-

nungen. Wer hier ein Apartment besitzt, zeigt, dass er genügend Kapital
akkumuliert hat, um nicht mehr ökono-
misch denken zu müssen.

Im Park beginnt es zu regnen. Eine
Katze folgt uns, als der Regen stärker
wird, verschwindet sie im Gebüsch. In
der Gischt tauchen die nassen Dächer
der alten Wohntürme am Central Park
West auf; sie sehen aus, als zögen sie
die Köpfe ein.

CENTRAL PARK II

Am Central Park West liegt die Congre-
gation Shearith, die älteste jüdische Gemeinde New Yorks.
Katharina Steltenkamp aus Berlin, die
mit der Aktion Sühnezeichen ein Jahr
lang in Manhattan ist, geht hier gerade
zum Jewish Community Center in der
Upper West Side; dort, sagt sie, leben
auf 20 Straßen rund 70 000 – 80 000
Juden; es ist die dichteste jüdische Bevölkerung der Welt, dichter als in
Tel Aviv.

Auf der anderen Seite des Parks, an der
Upper East Side in der 70th Street,
Nummer 19, lag einmal die Galerie
Knoedler. Sie war eine der ältesten
Kunsthandlungen der Welt, es gab sie
schon seit 1846, und bis zu ihrer geradezu panischen Schließung Ende 2011 war
sie eine der besten Adressen der Kunst-
welt. Noch vor zehn Jahren fuhren hier
schwere schwarze Limousinen vor,
Ann Freedman, Leiterin der Galerie,
eine große Dame mit turbulenter grauer

Lockenfrisur, empfing eine rapide wachsende Gemeinde von Sammlern, die ihre an den Finanzmärkten verdienten Millionen in Kunst investieren wollten; noch nie war der Bedarf an Werken der Nachkriegsmoderne so groß. Ausgerechnet in diesen Tagen tauchte wie aus dem Nichts auf Long Island eine große Sammlung unbekannter Meisterwerke auf, die immer neue Arbeiten von Motherwell, Pollock und anderen Nachkriegsmodernisten auswarf.

Die meisten dieser Bilder kamen über die als Kunsthändlerin bis dato kaum bekannte, seit 1993 in Sands Point auf Long Island tätige Mexikanerin Glafira Rosales in den Handel. Auf Long Island, so ihre Geschichte, sei sie auf die Sammlung eines Kenners der Nachkriegskunst gestoßen, der die Werke in den fünfziger Jahren direkt bei den Künstlern erworben haben soll. Sein Sohn, der in der Schweiz lebe, wolle einige davon verkaufen, aber anonym bleiben.

Mit dieser Geschichte platziert Rosales die Werke unter anderem über den Kunsthändler und Motherwell-Experten Julian Weissman und über die Galerie Knoedler auf dem Markt. Bald schon gibt es Probleme. Ende 2011 verklagt der in London ansässige belgische Hedgefonds-Manager und Kunstsammler Pierre Lagrange, der 2007 bei Knoedler für 17 Millionen Dollar einen angeblichen Pollock kaufte, die Galerie und Ann Freedman, nachdem eine chemische Analyse ergeben hatte, dass die verwendete Farbe erst nach Pollocks Tod auf den Markt kam.

Die Galerie hatte Lagrange energisch

davon abgeraten, einen echten Pollock für eine chemische Analyse zu beschädigen. Lagrange, der keine allzu religiöse Ehrfurcht vor dem Werk hatte, machte es trotzdem, mit dem bekannten Ergebnis. Knoedler schließt kurz nach Eingang der Klagen nach 165 Jahren für immer seine Räume, im Mai 2013 wird Rosales verhaftet.

Es kommt heraus, dass Weissman, der Rosales 23 Bilder abnahm, 12,5 Millionen Dollar zahlte und einen Gewinn von 4,5 Millionen machte. Die Galerie Knoedler, die Rosales 40 Werke abkaufte, konnte den Einsatz von 20,7 Millionen Dollar mit Einnahmen von 63,7 Millionen verdreifachen. Aber wer hatte all diese Fälschungen hergestellt?

Die Geschichte der Galerie Knoedler ist auch die Geschichte des chinesischen Malers Pei-Shen Qian. Er lebte bis zu seiner Flucht in Queens. Die Nachbarn sahen ihn selten, auch weil er immer hinter abgedunkelten Scheiben malte. Manchmal stellte er ein Gemälde zum Trocknen in den Hinterhof, manchmal kam ein Mann mit einem teuren Auto, der seltsamerweise keine Bilder mitnahm, sondern ablieferte.

Später kam heraus, dass sich der heute 77-jährige Qian, der vor 40 Jahren aus China nach Amerika kam, minutiös und brillant durch die gesamte Nachkriegskunst seiner ungeliebten neuen Heimat gefälscht hat.

Angeblich hat Rosales' Partner Jose Carlos Bergantiños Diaz Qian Mitte der neunziger Jahre entdeckt, als der

Chinese handwerklich perfekte Imitationen bekannter Kunstwerke auf einem Straßenmarkt verkaufte. In den folgenden 15 Jahren soll er etwa 63 Werke im Stil von Pollock, Newman, Motherwell und anderen erfunden haben.

Herr Qian und seine Frau sollen laut Berichten der *Herald Tribune* ihr New Yorker Domizil, wie sie es jedes Jahr für ein paar Monate taten, in Richtung China verlassen haben, diesmal vielleicht aus anderen Gründen.

CENTRAL PARK III

Der Schriftsteller Ralph Martin erzählte mir, wie er einmal als Student mit einem Freund, der dunkle, kurze Haare hat und einen Kopf kleiner als Ralph ist, von der Columbia University quer durch den Central Park zu einer Veranstaltung auf der Upper East ging. Ralph, der groß, dünn und blond ist und damals angezogen war, als sei er nur kurz von Bord seiner Yacht in Sag Harbor gegangen, ging dicht neben ihm. Mitten im Park stießen beide auf eine Gruppe junger Schwarzer, die einen Ghettoblaster auf eine Parkbank gestellt hatten und tanzten. Als sie den großen, dünnen, blonden Ralph und den kleineren, dunkelhaarigen Freund sahen, blieben sie stehen und verschränkten die Arme. Ralph fürchtete das Schlimmste, als der Größte und Muskulöseste auf sie zukam, aber dann warf er nur die Arme wie ein erstaunter Moderator in die Luft, drehte sich zu den anderen um und rief:»Wen haben wir denn da? Simon und Garfunkel im Central Park!«

CENTRAL PARK IV
Die Hälfte aller grünen Bänke im Central Park trägt eine Plakette, die auf ihren Spender hinweist. Seit 1986 kann
man für 10 000 Dollar eine Bank adop-
tieren; 4100 der 9000 Parkbänke wurden schon über das *adopt-a-bench*-
Programm mit Schildern versehen. Die
Spender hinterlassen nicht nur ihren
Namen, sondern Botschaften, Erinnerungen, Ankündigungen, Nachrufe, Bitten, Wut, Trauer, Entschlossenheit. Die
silbernen Schilder an den Bänken, die
dort in Kryptogrammen eingeschlosse-
nen, schönen und romantischen und
herzzerreißenden und furchtbaren Geschichten– die Schilder der Bänke lesen
sich wie das Vermischte in einer Lokal-
zeitung, Geburts- und Todesanzeigen;
Nachrichten an Unbekannte – fügen
sich so zu einem großen Roman der
Stadt.

For my sons Kenneth and Pauli.
   Love always, Mama
Dedicated to Wills and Janet Strauss in
   Celebration of our Friendship
   Toni and Chuc Peebler
Jeannette & Ben Wiener
   The Park was their sunshine as dear
   to them as they to each other
   From their loving daughters
Welcome to the world first little grand-
   daughter Josephine Ventilla Abelsnes
   * Tiny Miskurancia, September 27,
   2006, New York City
To my friend David Shapiro (1954–2012)
   whose free spirit and touch football
   prowess will live forever on this great
   lawn – love MDP
In Loving Memory Meghan Joan Kelly
   May 13, 2006 – August 6, 2011
   She had Spunk!

My beloved Husband Mike we will
  always share this view
  All my love Robin
Never sit on the sidelines Manhattan
  Women's Club Celebrating the Women
  of New York
In Loving Memory of Greg Rodriguez
  With love always your family and
  friends, November 12, 1969 – Septem-
  ber 11, 2001
Benjamin Harris Lautman
  July 16th, 2001 – July 14th, 2005
  Who taught us that quiet proud is
  the best proud of all
  We miss you and love you every mo-
  ment of every day, Mom and Dad
My Amy, I love and treasure you so
  much! You are my gift. Will you mary
  me? Love Scott 7/2/08

To commemorate the marriage of Brenda
  Earl and Mike de Paola on January 9,
  1999
To commemorate the birth of Madison
  Earl de Paola on July 21, 2000
To commemorate the birth of Jaclyn Ann
  de Paola on March 7, 2003

Das Paar aus dem Bryant Park geht
jetzt vor uns. Wenn sie uns bemerken
würden, müssten sie denken, dass
wir sie verfolgen. Der Mann hat sein
Sakko über den Arm gehängt; je weiter
nach Norden sie kommen, je erschöpf-
ter sie auf ihrem Marsch wirken, desto
dichter beieinander gehen sie; es sieht
aus, als würden sie sich mit jedem
Schritt, den sie sich vom Zentrum ent-
fernten, einander ein unmerkliches
Stück annähern.

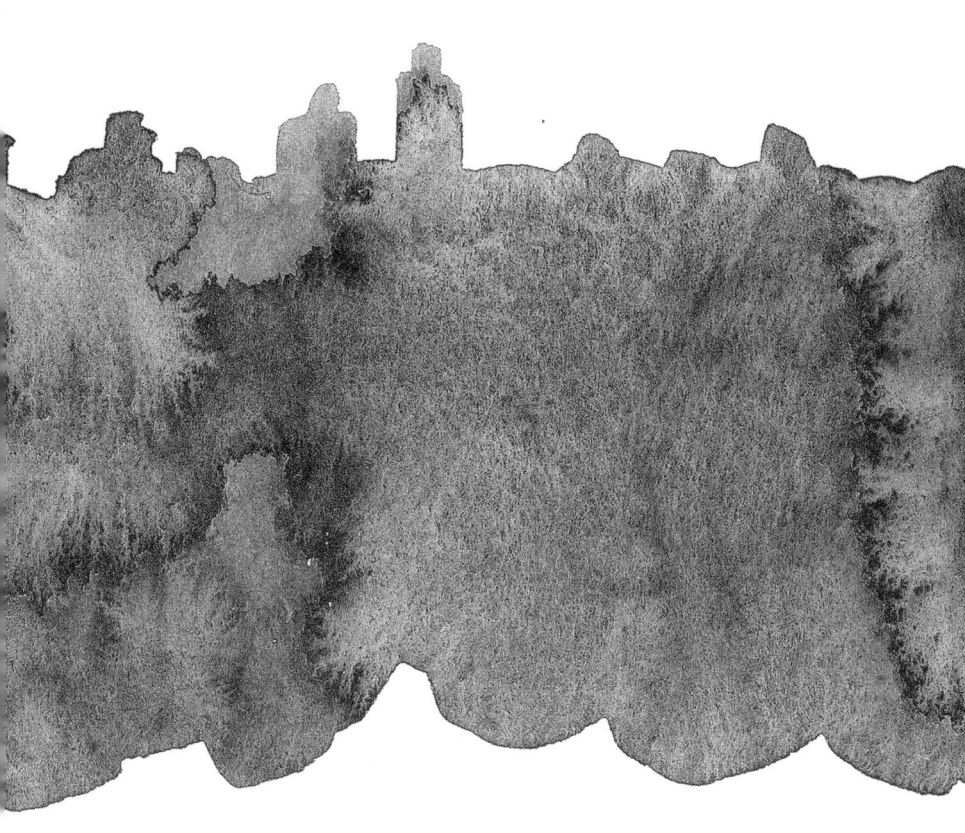

Dass »The Dakota«, ein Wohnpalast, gebaut 1880–1884 im Stil der norddeutschen Renaissance, so heißt, wie er heißt, liegt daran, dass die Gegend an der Upper West Side, als er gebaut wurde, so leer war wie die Prärien von Dakota. Sagt man. Es ist aber wahrscheinlicher, dass der Auftraggeber des Hauses, Edward Clark, Leiter der Nähmaschinenfirma Singer, die Namen der neuen Territorien im Westen einfach mochte und fand, dass sie abenteuerlich und gut klangen. Oben auf das Gebäude stellte man die Statue eines Dakota-Indianers, so, als ob er von einem Felsen aus die heranrückenden Truppen der Siedler beobachtete: Was im Westen gerade eine blutige Realität war, wurde hier schon romantisiert. 1980 wurde vor diesem Haus John Lennon erschossen.

Catch and release only. Ein Mann steht mit seinem Sohn im Park. Der Junge ist vielleicht sieben. Sie haben Angeln mit und zwei Klapphocker. Er beugt sich zu dem Kind herunter und deutet mit der Angel auf einen Teich. Er ist Anwalt und hat den Jungen jedes Wochenende. Von April bis Oktober gehen sie, wenn das Wetter gut ist, morgens als Erstes angeln, es ist ein Ritual; sie kaufen Sandwiches und sitzen nebeneinander im Park und warten und erzählen sich was. Man kann den Fisch nicht mitnehmen und essen, nur angeln und wieder freilassen. Aber der Junge mag sowieso keinen Fisch.

Eine halbe Stunde später trafen wir Michael Bierut, den Chef der Grafikdesignfirma Pentagram. Bierut schaute melancholisch, denn heute war der letzte Abend, an dem die Four Seasons Bar des von Mies van der Rohe entworfenen Seagram Building an der Park Avenue geöffnet hatte. Die Barbesitzer und der aus Frankfurt stammende Besitzer des Turms, Aby Rosen, waren in Streit geraten, jetzt zieht die Bar weg, eine neue soll hier irgendwann wiedereröffnen, aber das, sagt Bierut, der schon ordentlich getrunken hatte, wird nicht das Gleiche sein, denn genauso wichtig wie das denkmalgeschützte Mobiliar waren die alten, matten Teller, das matt beschlagene Besteck, die müden, abgewetzten, rotköpfigen Kellner, der grummelnde Barkeeper, das funzelige Licht auf dem Palisanderholz, all das, was dem Four Seasons Restaurant seinen so unglaublich mondänen osteuropäischen Charme gab. Unter den Hochhäusern ist das Seagram Building mit seinen braun getönten Gläsern der Süditaliener: Klassische Moderne mit Sonnenbrille. Aber jetzt eben ohne Bar. Bierut hatte seinen letzten Wodka Tonic dort getrunken; das letzte Mal mit dem rotköpfigen Kellner sprechen, noch einmal durch die verrückten Gardinen auf die glitzernden Lichter der Park Avenue schauen, auf der zur Eröffnung die Cadillac-Straßenkreuzer mit den Haifischflossen und das ganze optimistische Amerika der Nachkriegsjahre vorgefahren waren – letzter Abend, für immer Schluss. – Weißt du, sagte Bierut und bestellte noch einen Martini, es ist ein bisschen so wie in Vietnam, als oben schon die Hubschrauber die Leute evakuierten und unten noch die Bar leergetrunken wurde.

Ich nahm mir ein Zimmer im Hotel Belleclaire in der Upper East Side. Ich saß im Hotel und schaute fern, dort lief ein Werbefilm für die neuen Pickup-Trucks von Dodge Ram, er handelte davon, dass Gott den Farmer erschuf, um die Tiere zu füttern und die Kühe zu melken und das Heu einzufahren, man sieht schmutzige Hände und wettergegerbte Gesichter und eine Küche, von der man weiß, dass es dort am Sonntag Blueberry Pancakes mit Ahornsirup gibt und ein offenes Feuer, wenn im Winter der Schneesturm kommt.

»To the Farmer in All of Us«.

Später am Abend trafen wir Christian Kracht und Karl Ove Knausgård, die beim Norwegian American Literary Festival gelesen hatten, an der 27th Street in einem Loft. Eine Band spielte, es gab ein paar Studenten, die Gin Tonics und Wodka servierten, und es gab ein Buffet, an dem ein paar Pizzen in ihren vom warmen, öligen Teig angeweichten Pappschachteln von der typischen Mischung von Leuten, die man auf New Yorker Literaturpartys trifft – jungen Condé-Nast-Redakteurinnen, Literaturstipendiaten und angehenden Risikokapitalgebern – in Stücke gerissen wurden.

Um Kracht und Knausgård standen ein paar Leute herum, die die *Paris Review* eingeladen hatte, ein Romancier im gemusterten Hemd, der einen absonderlichen Vorschuss bekommen hatte und hier im Bewusstsein saß, direkt vor

dem Abschluss einer großen Sache zu stehen, die garantiert beachtet werden würde (was schon mal gut war, denn das Ärgerlichste, was in New York passieren kann, noch ärgerlicher als ein Verriss durch Michiko Kakutani in der *New York Times*, ist, überhaupt nicht beachtet zu werden, was einer Aberkennung des Schriftstellerstatus entspricht). Eine kleine Frau saß neben ihm, Mitte 40, Samtkleid, große Ohrringe, Redakteurin beim *New Yorker*, sagte jemand.

Christian Kracht, der einen Vollbart trug, stand draußen auf dem Balkon und rauchte sehr elegant und berichtete, dass er sich einen neuen Range Rover gekauft habe, um wenig später zu korrigieren, dies sei nur ein Scherz gewesen, er fahre natürlich eine S-Klasse aus den siebziger Jahren.

Hinter ihm war jemand jetzt so betrunken, dass er sich an einem Bücherregal festhalten musste, um beim Rauchen nicht umzufallen (man durfte hier erstaunlicherweise rauchen). Jemand brachte drei Gin Tonic, indem er die Gläser aneinanderpresste, das dritte, das in der Mitte, hielt er mit den kleinen Fingern; alle ihm unwichtig erscheinenden herumstehenden, stillen, eingeschüchtert bis deprimiert wirkenden, schmalen Bartträger, die sich hinter Knausgård aufgebaut hatten, um im günstigen Fall sein Interesse für ihren schon in groben Zügen fertig gedachten Roman zu wecken, und dann gleich mitten rein in eine Diskussion, was denn Knausgård bitte von dem vollkommen falschen Realismusbegriff halte, der im Zusammenhang mit seinem Werk immer wieder … – Der Betrunkene geriet erheblich ins Schwan-

ken, griff wieder nach dem rettenden
Regalbrett, erwischte aber nur den her-
vorstehenden Rücken eines Romans
von Zadie Smith und stürzte der Länge
nach auf den Boden, wo er, von Helfern
umringt, mit einiger Verwunderung
das Buch in seiner Hand betrachtete.
»Das ist ein sehr gutes Buch«, sagte er
und fasste sich an den Kopf. »Vielen
Dank. Ich danke Ihnen. Die Stelle hier,
warten Sie«, rief er und versuchte, eine
Passage vorzulesen, konnte aber die
Buchstaben nicht entziffern.

Knausgård stand auf seinen dünnen
langen Beinen in dem Rummel wie ein
freundlicher, melancholischer Lehrer,
der seine Klasse beim Schulausflug in
eine Disco begleitet hat. Er trank, ohne
etwas zu sagen, nickte den heranbran-
denden Gestalten freundlich zu und
wurde immer stiller. Nach einer Weile
ging er mit langen und entschlossenen
Schritten hinüber in eine Ecke, in der
die Band spielte, setzte sich ans Schlag-
zeug und trümmerte auf eine Art und
Weise los, dass den sanften Bärtigen des
Literaturbetriebs fast die Gläser aus der
Hand fielen. Hier spielte ein nordischer
Gott des Rocks und der Vergeltung, den
böse Mächte nur vorübergehend in
einen Literaten verwandelt hatten.

CENTRAL PARK VI

Wenn man im Metropolitan Museum durch die Abteilung für amerikanische Kunst läuft, findet man, zwischen den berühmten Gemälden von Sargent, Moran und John White Alexander, eine eigenartige Skulptur. Man geht an ihr vorbei und hält sie für einen Scherz, eine Arbeit des 21. Jahrhunderts, vielleicht ein neues Werk von Jeff Koons: Aus dem Augenwinkel glaubt man eine halbnackte Frau in Marmor zu sehen, die konzentriert auf ihr Mobiltelefon schaut, in der typischen Haltung, in der Menschen eben auf ihr Handy blicken, zielgerichtet und versunken zugleich. Draußen im Central Park gehen neun von zehn Menschen so ihren blinkenden Messages hinterher: In nur 20 Jahren ist mit dem Aufkommen des Mobiltelefons eine neue, beherrschende Körperhaltung entstanden – und eine fast überall auf der Welt lesbare Gebärdenformel. Wo immer man in den Industrienationen jemanden bitten würde, jemanden zu imitieren, der gerade eine SMS liest, würde er automatisch in diese Position verfallen. Umso erstaunter ist man, wenn man näher an die Skulptur tritt und erkennen muss, dass die eindeutige Körperhaltung des vor sich hin googelnden und twitternden Jugendlichen vor eineinhalb Jahrhunderten etwas ganz anderes bedeutete: Die Figur stammt aus dem Jahr 1855, und das Ding in ihrer Hand ist kein Handy, sondern ein Kreuz; dargestellt werden soll damit die Christianisierung der Indianer. Der Künstler, der die Figur schuf, hieß Erastus Dow Palmer, ein Autodidakt, der im Amerika der 1850er Jahre vor allem mit allegorischen Figuren großen Erfolg hatte. Die nur mit einem Hirschfell bekleidete junge Indianerin, die gerade ein Kruzifix gefunden hat, war ein Auftragswerk für den ehemaligen Gouverneur von New York, Hamilton Fish. In einem Brief schrieb ihm Palmer, er wolle mit seiner Figur »die Morgendämmerung des Christentums« in Amerika darstellen. Das Werk wurde 1855 zusammen mit anderen »Palmer Marbles« in New York ausgestellt und begeistert aufgenommen, wie auch ein paar Jahre später die *Weiße Gefangene*, die ein junges Siedlermädchen darstellt, das von Indianern entführt wurde. Mit Palmers Marmorstatuen sollte auch das gerechtfertigt werden, was währenddessen im Westen des Landes passierte: Die kalifornische Regierung setzte Prämien für Indianerskalps aus, unter der Führung von Kopfgeldjägern wie H. L. Hall wurden im gleichen Jahr 1859 bei einem Massaker unter den Yuki-Indianern viele Kinder und Frauen von Siedlern ermordet. Das Mädchen, das Palmer zeigt, ist (wie heute der Handybenutzer) versunken in eine Botschaft aus der Ferne: Sie hält das Ding, das sie fand, nah genug, um seine Details zu erkennen – aber auch weit genug von sich, um es analysieren zu können und vielleicht auch zu ahnen, dass ihr hier eventuell der Vorbote eines großen Übels vor die Füße gefallen ist.

Mitten im Central Park steht das Delacorte Theater, ein Holzbau, davor eine Skulptur, die Figuren aus Shakespeares *Sturm* zeigt. Es muss sehr schön sein, hier den *Sommernachtstraum* zu sehen und dann hinauszugehen, wenn es schon dunkel ist, und mitten in einem Wald zu sein, der genauso wie der Schlosswald bei Athen aussieht, in dem Oberon und Titanias Feen herumwirbeln.

Statt Titania treffen wir aber Gladys McDonnell, eine sehr distinguierte und sehr kleine ältere Dame, die gerade von der Arbeit kommt. Dabei muss sie eigentlich nicht arbeiten, sie und ihr Mann besitzen Häuser, sie sind, wie es so schön heißt, Landlords, was in New York ja tatsächlich so etwas wie ein Adelstitel ist und Befreiung von allen ökonomischen Ärgernissen des Lebens bedeutet. Gladys McDonnell also arbeitet nur freiwillig, 29 Jahre lang hat sie im Bronx Zoo mitgeholfen, jetzt steht sie den ganzen Tag lang im dunkelsten Raum des American Museum of Natural History vor einer Vitrine, in der man eine gemalte afrikanische Vulkanlandschaft sieht und davor ein paar ausgestopfte Gorillas und Nachbildungen der auf den erloschenen Virunga-Vulkanen einheimischen Pflanzen Anthriscus sylvestris und Rubus Ruwenzori, und erzählt den Schulklassen und den Rentnern, die erstaunt vor diesen Dioramen stehen, wie es in Afrika so ist. Gladys McDonnell war ein paarmal in Afrika, bei den Gorillas, man kann mit einem Führer hinaufgehen zu den habituierten Tieren, man kann sich ihnen bis auf sieben Meter annähern, ein Tag bei den Gorillas kostet in Uganda 500 Dollar und 750 in Ruanda, sagt Gladys, und dass die Gorillas ein sanftes Wesen hätten. »Schimpansen sind schreckliche Tiere. Gorillas are gentle.«

In den anderen Vitrinen ein Nachbau der Serengeti mit Löwen, Baobabbaum und Akazien, eine Etage darüber sieht man Amerika, wie es war, bevor die Siedler kamen – ein Schaudiorama zeigt einen *Alaska Brown Bear*, vor dessen Tatzen ein täuschend echter zerfressener Lachs liegt, ein anderes die Prärie an einem Herbsttag in Wyoming in der Mitte des 19. Jahrhunderts, ein paar mächtige Bisons stehen dort, und alles sieht im Dämmerlicht des Museums täuschend echt aus.

In einer anderen Vitrine sieht man das Diorama des Ituri District in Zaire und davor ein paar Okapis – die seltsamen Tiere, die erst 1901 entdeckt wurden und heute wie der Scherz eines boshaften oder überforderten Gentechnikers aussehen, wie ein Klon aus Reh, Giraffe, Tapir, der verrückterweise mit einigen Elementen vom Zebra versetzt wurde.

Das, was passiert, wenn man hem-
mungslos an Gensträngen herumbas-
telt, regt gerade niemanden mehr so
recht auf, es ist weniger sichtbar und
weniger unmittelbar als Terror und
Klimawandel, und vielleicht
werden diese Jahre, in denen
sich alle mit den Gefahren
von Trump und Terror und einem
außer Kontrolle geratenen
Kapitalismus beschäftigen,
später einmal als die Jahre
gesehen werden, während derer
man vergessen hat, darüber nachzuden-
ken, was man anzettelt, wenn man den
Mais und den Reis und das Gras manipuliert, das die Kühe fressen, die von
den Menschen verspeist werden. Im
Radio melden sie, dass Monsanto eine
neue Offensive zur weltweiten Verbrei-
tung optimierter Samen startet. In der
New York Times steht, dass chinesische
Biotechnologiekonzerne sich nicht an
die Ergebnisse der Konferenz gebunden
fühlen, die 1975 in Asilomar stattfand
und bei der 140 Genforscher, Juristen
und Physiker eine freiwillige Selbstver-
pflichtung der Branche unterschrieben,
bei Experimenten nur Wirtsbakterien
zu verwenden, die außerhalb des Labors
nicht überleben können. In China sind
die Regeln für »Genome Editing« we-
sentlich lockerer; sie schließen auch
eine grundlegende Veränderung von
menschlichen Genen und die unwider-
rufliche Veränderung der menschlichen
DNA nicht aus.
Dass Edward Lanphier, Manager der
Biotech-Firma Sangamo BioSciences,
noch 2015 den Aufruf »Don't edit the

human germ line« veröffentlichte, gilt in vielen Labors als nostalgischer Hilferuf; für die Aussicht, mit der genetischen Modifikation an reproduktiven Zellen Krebs oder Aids bekämpfen oder mehr Embryonen für eine PID produzieren zu können, nehmen sie Manipulationen in Kauf, die zu genetisch vererbbaren Veränderungen führen können – und dass der Mensch, wenn beim Genome Editing veränderte menschliche reproduktive Zellen eingesetzt werden, sehr schnell etwas anderes werden könnte, dessen DNA völlig außer Kontrolle geraten könnte. Dass die UNESCO Anfang Oktober 2015 das menschliche Genom zum gemeinsamen Menschheitserbe erklärte, wirkt da wie ein verzweifelter Versuch, die Zukunft mit Mitteln des Denkmalschutzes aufzuhalten: Kurz nach der Erklärung gab eine Forschungsgruppe des Chinesen Puping Liang bekannt, dass sie nicht lebensfähige menschliche Embryonen mit CRISPR/Cas manipuliert hätten, einer neuen, molekularbiologischen Methode, DNA gezielt zu schneiden und anschließend zu verändern und so einzelne Gene umzuschreiben.

CENTRAL PARK VIII

B. steht mit seinem Food Truck am
Central Park West.
Ein paar Leute kaufen eine Cola.
Vor ein paar Jahren saß B. um die gleiche Zeit in einer Transportmaschine,
die ihn nachts von seinem Stützpunkt in
der Türkei in den Irak flog. Er erinnert
sich an das Licht morgens über Fallu-
dscha. Er erinnert sich an das Essen, das
Colonel P., ein ausgebildeter Koch,
ihnen machte, als der eigentliche Koch
mit Darmkrämpfen auf der Station lag.
Er erinnert sich an die Geschichten, die
sie aus Bagdad erzählten. Er erinnert
sich an den Angriff auf den Konvoi, bei
dem sein Freund in seinem Humvee
starb. Er erinnert den Sand, das Gegen-
licht, den verbrannten Geruch, das Geräusch der Motoren, die verdammte
Hitze und das Gefühl, vor Trockenheit
nicht mehr schlucken zu können. Er
hat einen Metallsplitter in der Tasche,
ein Glücksbringer.
Vor ein paar Jahren war B. in Afghanistan stationiert, dann auf Hawaii, dann
in der Türkei, im Irak. Afghanistan ging,
sagt er. Hawaii war ziemlich gut. Irak
war scheiße. Richtige Scheiße.

Ein paar Blocks nach Westen, an der Amsterdam Avenue, liegt der beste Deli von New York, das Restaurant Barney Greengrass, wo Gary Greengrass rechts am Tresen sitzt und den Gästen beim Bezahlen zuschaut und mit den Stammgästen plaudert. Das Restaurant selbst gibt es seit 1908 und an dieser Stelle seit 1929, seitdem wurde nicht viel verändert. Es gibt Matzeball-Suppen und Rührei mit Pastrami-Lachs oder mit Stör. Barney Greengrass war der Großvater von Gary; er wurde in Russland geboren, wuchs in Harlem auf und arbeitete in einem Appetizing Store, bis er auf die Idee kam, in Harlem selbst einen Laden für Räucherfisch zu eröffnen. Er stand jeden Morgen um vier auf, um zu den Händlern in die Räucherkammern zu gehen, und in den dreißiger Jahren baute er ein kleines Restaurant an, das heute immer noch so aussieht wie damals. Gary führte die Online-Bestellung ein und das Schild »Going to the Hamptons« – im Sommer, wenn die Stadt wie unter Schock in der drückenden Hitze der endlosen Juli- und Augusttage liegt und das Thermometer erst am späten Abend unter 35 Grad fällt, schicken die Bewohner der Upper West und der Upper East Side ihre Chauffeure zu Barney's und lassen sich ihre Picknickkörbe füllen und fahren in ihren klimatisierten Limousinen in ihre Villen an den Atlantikstränden oder hinter den haushohen Sichtschutzhecken von East Hampton, wo die Elite der Unternehmer, Ärzte und Rechtsanwälte der amerikanischen Ostküste ihre Wochenenden mit Golfspielen und dem Kauf von blau-weiß geringelten französischen Matrosenpullovern verbringt. Die, die keinen Chauffeur und kein Auto haben, kommen mit dem Jitney-Bus oder mit dem Cannonball-Zug, mit dem man in zweieinhalb Stunden bei heruntergeschobenen Fenstern über rumpelnde Gleise nach East Hampton rattert, wobei sich das eher nicht wie eine Kanonenkugel, sondern wie ein Ausflug in einem Museumszug des späten 19. Jahrhunderts anfühlt. Am Ende aber sitzen die New Yorker am Strand und essen Lachs-Bagel von Barney Greengrass und warten auf den Abend und feiern mit vom Sonnenbrand und Gin Tonics erhitzten Köpfen und rennen schließlich die Dünen hinunter und lassen sich in die dunklen Wellen fallen und schwimmen ins offene Meer, das nachts weicher und wärmer ist als am Tag, ein paar Monate lang, in die Richtung, aus der Barney einst kam, bevor sie sich an den Strand zurücktreiben lassen.

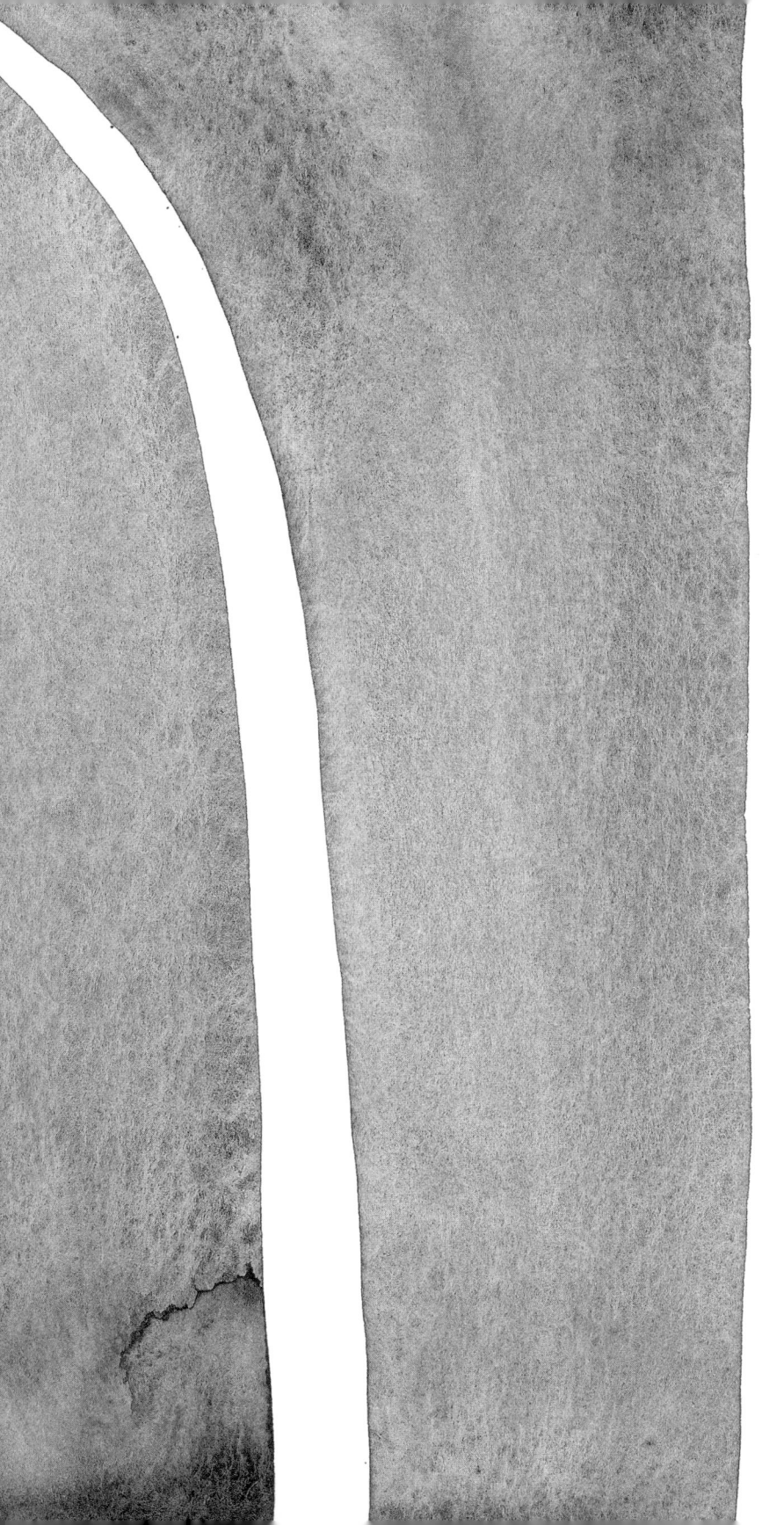

Ein Taxi hält. Es ist ein altes, ein gelber Ford Crown Victoria, in dem man, vom Fahrer durch eine Trennscheibe abgeschieden, in das blaugraue Kunstlederpolster sinkt, während der große Achtzylindermotor wie ein Gewitter über den Catskill Mountains grollt und das Auto, gesteuert von Taxifahrern aus allen möglichen Teilen der Welt (von den rund 62 000 Taxifahrern in New York sind 82 Prozent im Ausland geboren, davon 23 Prozent in der Karibik und 30 Prozent in Indien oder Pakistan), durch meterlange und gefühlt auch metertiefe Schlaglöcher schießt.

Taxis gehören zum Mobiliar einer Stadt, sie sind Teil der öffentlichen Dinge, die den Charakter, die Atmosphäre einer Stadt ausmachen: Früher sah Paris dank Tausender gelber Scheinwerfer nachts dunkler, wärmer und geheimnisvoller aus, Ostberlin roch dank der Zweitakt-Trabants anders als der Westen – und New York hatte seine grollenden gelben Straßenkreuzer.

Das bis 2011 gebaute Ford-Taxi war der letzte Überlebende klassischer amerikanischer Autobaukunst: Heckantrieb, Achtzylinder, Riesenkofferraum, einfach zu reparieren, unzerstörbar.

Seit 2005 gibt es auch einen kleinen Geländewagen, den Ford Escape, als Taxi, was angesichts der Schneemassen, die im Winter die Straßenschluchten von New York in winddurchtoste Canyons und die ganze Stadt in eine Art von Wildnis verwandeln, verständlich ist. Der Escape hat einen Hybridantrieb mit Elektromotor. Vollkommen neu war das nicht, schon die ersten New Yorker Taxis waren Elektroautos: 1897 betrieb das erste New Yorker Taxiunternehmen zwölf Elektro-Droschken, 1899 waren es schon 100, am 20. Mai 1899 erhielt Jacob German bei einer zügigen Fahrt mit seinem Elektrotaxi den ersten Strafzettel in der Geschichte der Vereinigten Staaten. Um 1900 gab es etwa 1000 Taxis der Firma Electric Vehicle in New York. Und erst als Harry N. Allen im Frühjahr 1907 65 benzinbetriebene Autos aus Frankreich importierte, begann das Zeitalter des klassischen Taxis.

1967 verordnete die Stadtverwaltung von New York, alle offiziell lizenzierten Taxis gelb zu lackieren.

2011 gab der unselige damalige Bürgermeister Bloomberg bekannt, dass ab Ende 2014 der Nissan NV200 das offizielle New-York-Taxi werden solle – ein Kleintransporter, den sogar seine Designer für nicht besonders gelungen halten. Der Gast wird jetzt wie ein Tulpenstrauß in einem Transporter angeliefert; alle Würde des Vorfahrens, für die das Ford-Taxi stand, ist dahin.

110TH STREET

Across 110th Street
Pushers won't let the junkie go free
Across 110th Street
Woman trying to catch a trick on the
　　street, ooh, baby
Across 110th Street
You can find it all in the street
(Bobby Womack, *Across 110th Street*,
1972)

DOGS
LEA
ON

WEST 112TH STREET

Ein Mann lehnt an der Hauswand, graue Haare, das Hemd hängt ihm aus der Hose, er sieht ziemlich fertig aus: Er braucht einen Kaffee, er hat sich vorn an der Ecke einen *Coffee to go* gekauft, mit dem steht er jetzt da, an der Ecke zur Morningside Avenue, er nimmt einen Schluck, setzt ab, hält sich den Kaffeebecher vor seinen Bauch und steht da und schaut zu Boden. Jemand kommt aus dem Haus, sieht den Mann und wirft ihm achtlos einen Dollar in den noch halbvollen Becher: *Have a nice day.*

WEST 114TH STREET

Oben, auf der ersten dramatischen Klippe von Manhattan, die hier, wo die Topografie nicht mehr eingeebnet wurde, wie ein ungemachtes Bett Falten werfen darf, steht die unfertige Kathedrale Saint John the Devine: ein riesiger Reaktor für den Glauben. Die große Kuppel wurde 1909 gebaut. Die Kirche ist immer noch im Bau, aktuell ist sie 180 Meter lang und – nach dem Petersdom, Notre-Dame und der Kathedrale von Sevilla – die viertgrößte christliche Kirche der Welt; sie soll einmal die größte werden. Das Altarbild malte Keith Haring, kurz bevor er 1990 mit 31 Jahren an Aids starb.

Weiter oben in der unbegradigten Welt ein Plakat am Eingang einer Subway Station: »Stand back. Don't become a statistic.« Im Schnitt 50 Menschen sterben jedes Jahr, weil sie im Gedränge vor eine Untergrundbahn stürzen.

WEST 122ND STREET

Auch hier, im Westen von Harlem, bauen sie Luxuswohnungen auf die alten Häuser; die neuen Penthäuser stehen wie Schuhkartons auf den alten Backsteinbauten.

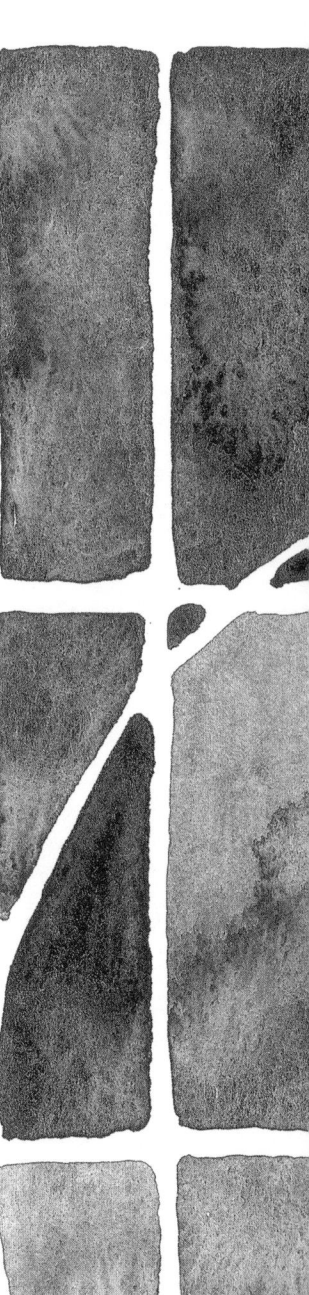

Geschichten, die man erzählt
bekommt:

J. hatte den Verdacht, dass ihn seine
Frau seit Jahren mit einem Lehrbeauftragten für internationales Recht be-
trog, der in der 122nd Street wohnt.
J. und seine Frau wohnen in New Jersey.
J.s Frau fährt einen giftgelben Volkswagen Beetle, Baujahr 2002, ein auffälli-
ges Auto zwischen all den silbernen
und grauen und dunkelroten Autos in
New York.
In einer Nacht, in der seine Frau längst
friedlich im ersten Stock des kleinen
Hauses in New Jersey, das sie bewoh-
nen, eingeschlafen war, setzte sich J.,
zerfressen von Eifersucht, Sorge und
Wut, an seinen Computer und googelte
mit klopfendem Herzen den Namen
des Lehrbeauftragten – ein freundlicher
Mann mit dichtem Haar und dunklen
Augen, man muss zugeben, dass er, auf
eine spröde, verquere Art, sehr gut aus-
sah; klickte auf Google Images, suchte
sich das unvorteilhafteste Bild aus und
öffnete es, googelte dann auf Google
Earth die Adresse des Mannes und
musste zu seinem unbändigen Entset-
zen feststellen, dass auf dem Luftbild,
deutlich erkennbar, am Seitenstreifen
der Morningside Avenue ein gelber
Volkswagen Beetle parkt.

Seine Frau, die er in dieser Nacht, den
blau leuchtenden Laptop im Arm, auf-
weckte, erklärte, dies sei sicherlich nicht
ihr Beetle, denn ihrer habe ein Schiebe-
dach, und der auf dem Luftbild nicht,
aber je dichter J. an das Auto heranzu-
zoomen versuchte, desto unschärfer
wurde es und löste sich schließlich vor
seinen Augen in wilden,
abstrakten Mustern
auf.

Hier werden die Häuser niedriger, wie in den Kleinstädten, die Hopper malte, das Manhattan, das man kennt, ist weit weg: drei Etagen, Backstein, die Straße hat etwas Verdöstes; im Dunkin'-Donuts-Laden serviert eine Frau mit Kopftuch.

Über Edward Hoppers Großstadtbilder wird fast immer das Gleiche geschrieben: dass man auf ihnen Menschen sehe, die an ihrer Entwurzelung in einer seelenlosen Metropolenwelt leiden, bindungs- und wortlose, vereinsamte Opfer einer erkalteten Moderne. Was legt diesen Befund nahe? Hoppers Bilder sind es nicht. Zum Beispiel das Gemälde *Eleven A. M.* von 1926. Man sieht: ein amerikanisches Zimmer mit tiefen Fenstern, eine nackte Frau, die, nur mit Schuhen bekleidet, in einem blauen Sessel sitzt und nach draußen ins Licht einer schon hoch stehenden Sonne schaut. Mehr nicht.

Diejenigen, die über das Bild geschrieben haben, kommen aber hartnäckig zu dem Ergebnis, dass es sich hier um eine *unglückliche* Frau handle, die an der Entfremdung zwischen sich und der modernen Welt leide und einsam sei. Es wäre aber ebenso gut denkbar, dass die Frau auf *Eleven A. M.* in der Nacht zuvor einen Mann mitgenommen hat, der gerade im Badezimmer ist, das nicht mehr ins Bild passte; dass sie auf eine katerhaft schläfrige Weise verdöst-zufrieden ins Morgenlicht blinzelt; oder dass sie froh ist, für sich zu sein, und erleichtert auf die unten zu erahnende Stadt hinunterschaut, die mit ihren

Millionen von Fenstern jene Freiheit verspricht, die die Enge der Kleinstadt nicht bot: ein euphorisches Alleinsein, das gerade keine betrübte Einsamkeit ist. Hopper zeigt an seinen Fenstern Frauen, die allein in der Stadt sind – schon das war in einer Zeit, in der vielen Frauen nicht nur das Wahlrecht, sondern auch der Zugang zu Studienfächern, Berufen und autonomen Großstadtexistenzen verwehrt war, eine Utopie; ein Bild vom Glück der Entwurzelung.

Die immer eher leeren Zimmer sind ein Anblick, der sich dem Hotelbewohner oder dem gerade in die neue Wohnung Einziehenden bietet: die Euphorie des noch nicht durchmöblierten, uneingerichteten, im Vorläufigen schwebenden Lebens.

Es spricht viel dafür, dass Hopper, der mit Anfang 20 aus der Provinz nach New York zog und dort sein Leben lang blieb, in der modernen Stadt keinen »Moloch der Entfremdung« sah. Seinen Blick in die glitzernde Seitenstraße einer nächtlichen Großstadt könnte man auch als ein Versprechen lesen, ebenso das engumschlungene Paar, das leicht zerwühlt im *El Train* von einem Fest zurückkehrt – all diese Bilder entsprechen keineswegs dem Befund der Melancholie, den eine Phalanx von Moderneskeptikern ihnen abpressen wollte.

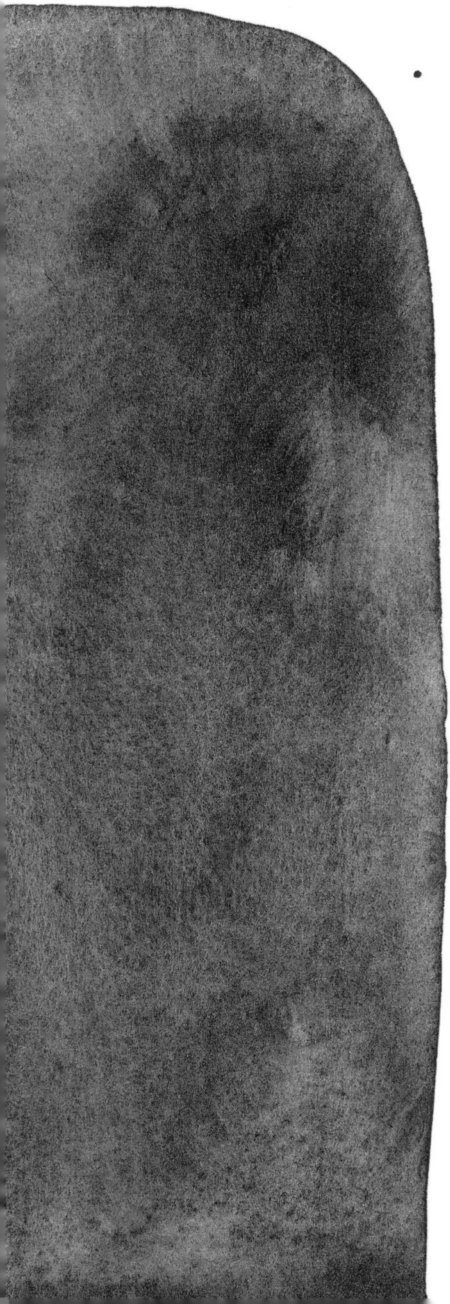

MORNINGSIDE AVENUE

Wen trifft man, wenn man vor dem alten Backstein-Block an der Morningside Avenue wartet und schaut, wer da vorbei- und herauskommt?

Jeremy arbeitet als Programmierer. Er kann alles, was Sean Connery in seinen *Bond*-Filmen sagt, auswendig aufsagen. Er arbeitet von zu Hause; die Nachbarn sehen ihn oft, wie er, nur mit einem Handtuch bekleidet, regungslos am Computer sitzt.

Isaac hat im Irak gekämpft. Sein Vater war bei den Marines in Vietnam gewesen, aber er hat nie darüber gesprochen. Er möchte lieber über sein Aquarium sprechen, das er liebevoll mit Seegräsern und Höhlen hergerichtet hat.

Ed wurde 1932 in Frankfurt geboren. Seine Eltern stammten aus Weißrussland. 1938 flüchteten sie aus Deutschland. Ed trägt einen eierschalenfarbenen Kaschmirschal. Er erzählt, dass es ein Foto gäbe, auf dem seine Mutter einen ähnlichen Schal trage; er habe es allerdings bei einem Umzug verloren.

Cynthia arbeitet bei der Staatsanwaltschaft als Sekretärin. Auf ihrer Anrichte stehen Fotos, die sie als junge Frau mit einer Freundin in Rom zeigen. Sie besitzt außerdem eine Schallplatte mit einer Widmung von Billy Joel und eine Schreckschusspistole.

Dan war Polizist. Er lebt seit 22 Jahren in diesem Haus. Seine Frau ist vor zwei Jahren an einer Thrombose gestorben; sie hatten keine Kinder. Nach ihrem

Tod hat er sich einen Hund gekauft; mit ihm geht er jeden Sonntag zum Friedhof. Der Hund springt dann aufgeregt herum; er ist das einzige Lebewesen, das sich unbändig auf den Gang zum Friedhof freut.

Julieta kommt aus Ohio. Ihr Freund, der ebenfalls in diesem Haus wohnt, sagt, er liebe ihre schwarzen Augenringe. Sie arbeitet an einer Doktorarbeit über Mode und Judith Butlers Theorien. Vor zwei Jahren war sie in den Dozenten ihres Englisch-Kurses an der Columbia University verliebt. Einmal hat er sie in ihrer Wohnung besucht. Als er ging, ließ er seinen Rucksack an ihrem Bett stehen. Einmal wollte sie ihn vor seinem Haus überraschen, musste aber feststellen, dass er es gerade mit einer anderen Frau verließ. Sie gab ihm den Rucksack nie zurück.

Ben lebt seit drei Jahren in dieser Wohnung. Er unterrichtet politische Ökonomie an der Columbia University. Jeden Sonntag spielt er Tennis im Clubhaus der Universität an der 215th Street. Seine Wohnung hat zwei Zimmer und einen Kamin. Die Vormieter stammten aus Deutschland. Es waren zwei Witwen, Jane und Clara, die nach dem Tod ihrer Männer in diese Wohnung gezogen waren. Clara führte eine heimliche Beziehung mit Ed, von der Jane jedoch nichts wissen durfte.

Bens Freundin heißt Dana. Sie arbeitet in der PR-Abteilung einer Content Agency. Einmal pro Woche treffen sie sich bei Freunden in Brooklyn, um Charade zu spielen.

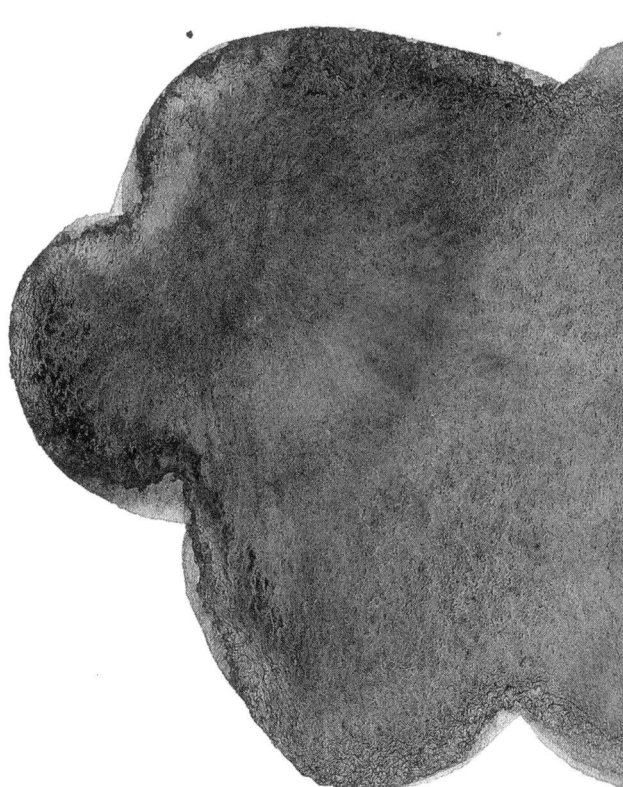

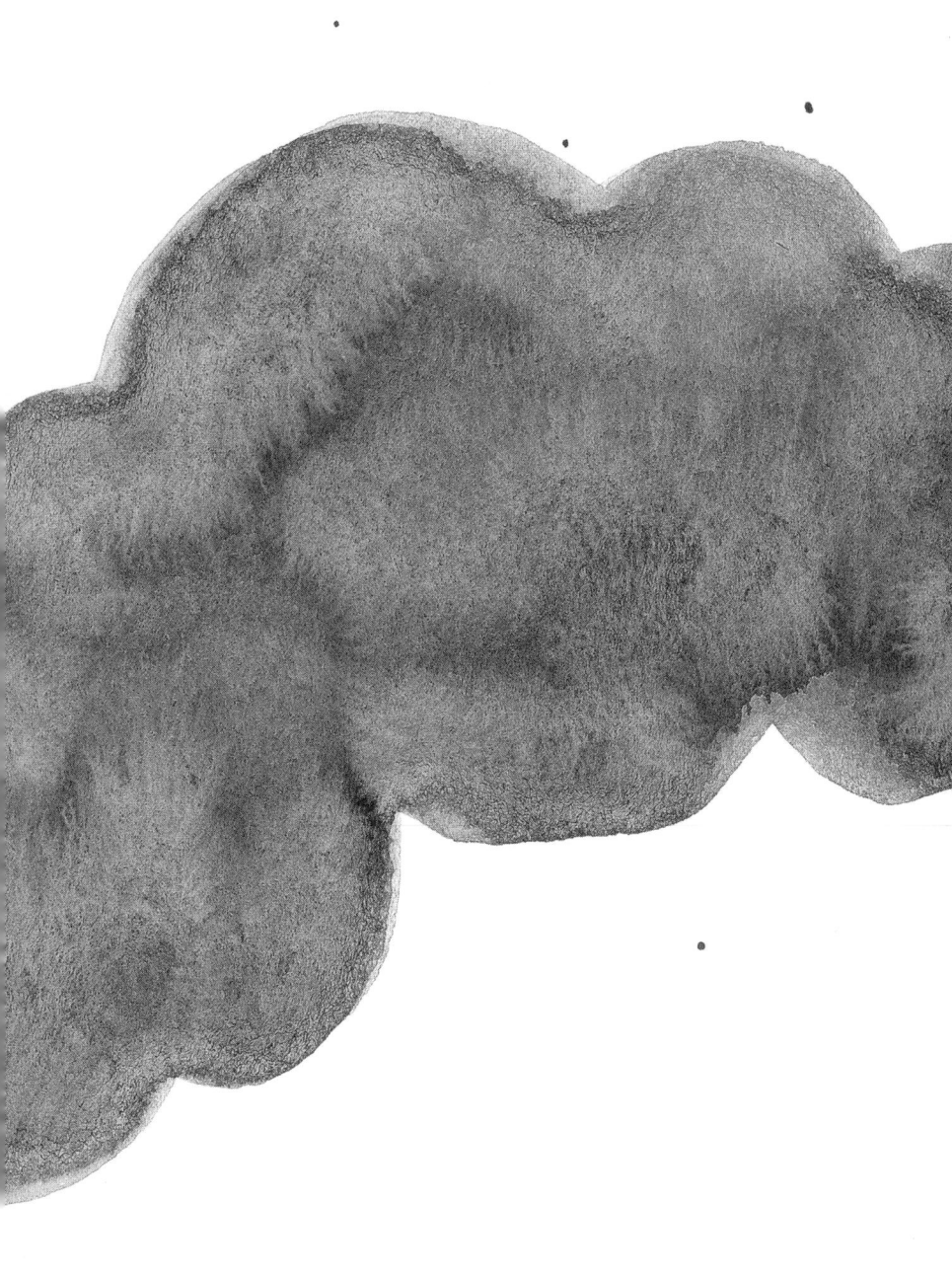

Laura ist 55. Sie wohnt im vierten Stock, zusammen mit ihrer Tochter und deren Freund. Beide sehen aus, als hätten Vampire ihnen alles vorhandene Blut aus den Adern gesaugt. Sie sind blass und sehr dürr und schon im Normalzustand, der ein Ruhezustand ist, kaum zu einer Regung fähig. Der Junge stöhnt wie ein sehr alter Mann, wenn er sich bücken muss, und trägt so viele Blechornamente, Ohren- und Nasenringe im Gesicht, dass man ihm nicht wünscht, in die Nähe eines größeren Magneten zu geraten. Er macht ein Praktikum in einem Gitarrenladen, das ihn derart erschöpft, dass er bei der Heimkehr sofort aufs Sofa stürzt und dort, die Neigung der Sofalehne monierend, schief sitzen bleibt und auf seinem Computer Netflix-Serien betrachtet, bei denen er schnell einschläft. Beide sind sehr freundlich. Beide schlafen an die 18 Stunden pro Tag, gehen so gut wie nie aus; wenn die Mutter spät von einem Treffen mit Freundinnen nach Hause kommt, schauen sie bleich und blau unterleuchtet von ihren Bildschirmen auf. Das Einzige, was sich an ihnen ständig bewegt, sind ihre Daumen, die rastlos über die Displays ihrer Mobiltelefone rasen.

PULL

128TH STREET
An den Kellereingängen der Häuser,
wie eine letzte Erinnerung an den Kalten Krieg, die verwitterten Schilder:
»Nuclear Fallout Shelter«. In den Zeitungen steht, dass Russland mit Cyber-
angriffen den amerikanischen Wahlkampf manipulieren könnte.

SAINT NICHOLAS AVENUE I
Es gibt einen enormen Knall. Eine junge
Frau, offenbar Vertreterin für Parfüms
und Toilettenartikel, ist mit ihrem Kia
Soul in einen abbiegenden Truck gerast.
Beide Airbags des Kleinwagens lösten
aus. Die Frau ist unverletzt. Beim Auf-
prall zerbrachen mehrere Flakons; aus
dem Auto, das mit offenen Türen und
von sich gestreckten Reifen wie ein er-
legtes Wildtier mitten auf der Straße
steht, strömt ein intensiver Duft nach
Rosen, Iris, Maiglöckchen, reifen Zitro-
nen und staubigem Puder; ein Polizist
fotografiert die Scherben.

ONVENT
ICES

AVENUE

PROV

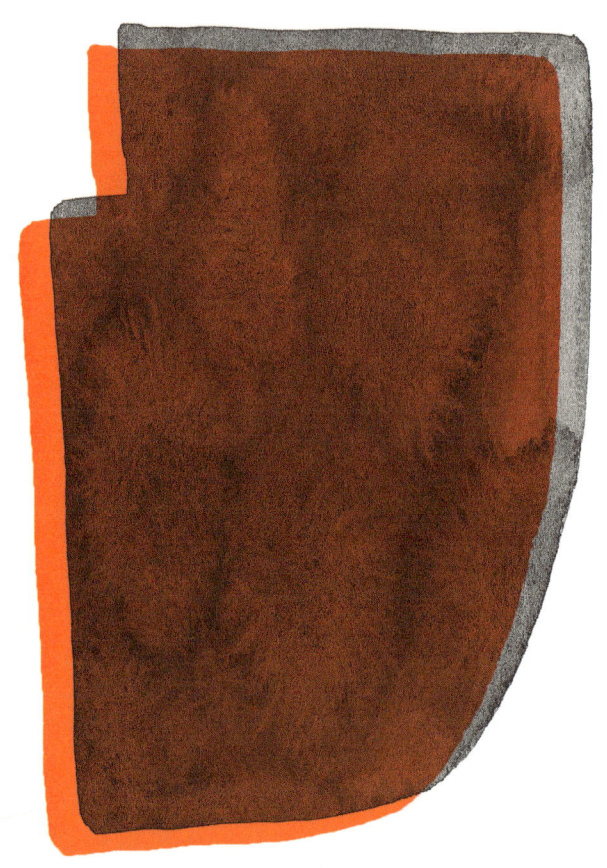

Treppenabsatz, 149th Street

Als Beispiel für seinen Größenwahn, seine Unhöflichkeit und seinen grimmigen Wunsch, es mit einer wüsten These auf die Seite eins der *New York Times* zu schaffen, wird immer wieder die Aussage des Architekten Le Corbusier zitiert, die New Yorker Wolkenkratzer seien »nicht groß genug« – obwohl sie damals die größten Gebäude der Welt waren. Heute sind sie das nicht mehr. Vor der Stadt, auf dem Land, wo früher alles kleiner war als in der deswegen so genannten Großstadt, entstehen Gebäude, die viel größer sind als alles, was in Manhattan gebaut wurde. Wie umgefallene Giga-Hochhäuser liegen dort Auslieferungslager, die fast einen Kilometer lang sind, und Serverfarmen, in denen all die Daten gespeichert werden, die in der Stadt über Laptops und Mobiltelefone verschickt werden: Das Gehirn der Metropole befindet sich auf dem Land. Was dort gebaut wird, ist nicht nur größer als alles, was in der Stadt entsteht, es sind eigene Städte, die nicht von Menschen, sondern nur noch von Daten bewohnt werden und – das ist das schmutzige Geheimnis des scheinbar immateriellen Internets – allein zur Kühlung der Server genauso viel Strom verbrauchen wie eine Stadt.

– Eine Frage.
– Ja?
– Sie haben einen Trump-Aufkleber auf dem Wagen.
– Ja.
– In Europa denkt man, dass die Latinos nicht so erfreut sind über Trump, die Sache mit der Mauer …
– Was meinen Sie mit »Latinos«? Wir kommen aus Puerto Rico. Meine ganze Familie arbeitet in Trump-Immobilien. Wir mögen die Mexikaner nicht, er mag sie nicht, also wählen wir ihn. So einfach ist das.

Die Angebote im Laden an der Ecke:
Odorless bed bug killer
High Security Auto Keys
Auto Parts
»Adornos«
24 hours Cold Beer
Kleiderbügel
Plastikbälle
Strohhüte
»Corona«-Fähnchen

Der puertoricanische Friseur – Werbung im Fenster: »Celebrando el dia de las madres dominicanas« – macht einem Kunden eine Shaundas-Schaf-Frisur: Nacken ausrasiert bis über beide Ohren, nur oben auf dem Kopf bleibt ein dichtes Eigenhaarquadrat stehen. Die Häuser hier: einfache Backsteinkisten mit schmalen Fenstern und Feuerleitern davor. An einer Laterne das verblassende Plakat: »La Revolución socialista – Conferencia Nacional del partido mundo obrero«. Die Konferenz fand am 8. November 2015 im Shabazz Center an der 165th Street statt. Auf den Tag genau ein Jahr später wurde Trump zum Präsidenten gewählt.

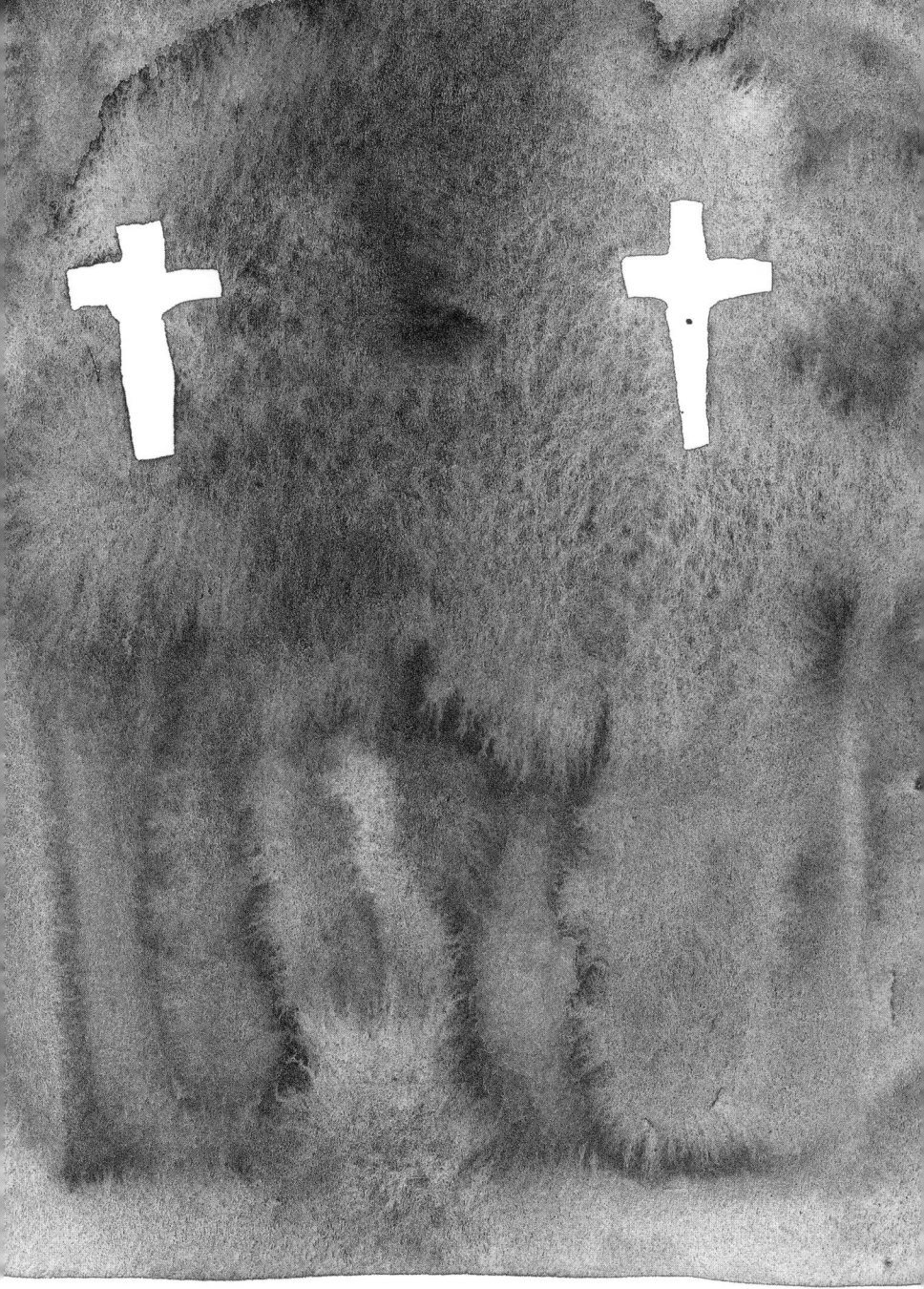

Hier liegt, in einem Haus mit goldenen Löwen vor der Tür, das Wahlkampf-Hauptquartier von Jon Girodes. Er ist im 30th District von Manhattan der Kandidat der Republikaner für den Senat – sagt er. Die Republikaner mussten ihn aus irgendwelchen komplizierten Gründen für die Bezirkswahlen aufstellen, wollten es aber gar nicht wirklich, wie sie in einer Pressemitteilung mitteilen; es klingt wie der Fall Trump in klein.

Rob Ryan, der Sprecher der Republikaner in Manhattan, erklärt in der Presse, dass »das, was Jon Girodes tut und sagt, verwerflich« sei und er sich vom Wahlkampf zurückziehen sollte.»Er wurde nie von der Partei unterstützt, und nur aufgrund des undurchsichtigen Wahlrechts können wir ihn nicht von der Liste nehmen.«

Girodes wurde 1977 in New York geboren, er sieht, auf eine fast höhnische Weise, gut aus, wie der junge Harry Belafonte, wenn er nicht Belafonte, sondern ein arroganter Baseball-Star gewesen wäre. Girodes behauptet, Dostojewski sei sein Lieblingsautor, James Brown und Frank Sinatra seine Lieblingsmusiker. Er war einmal wegen Scheckbetrügereien im Gefängnis, und seine Exfrau beklagt, dass er kaum Unterhalt für ihren 17-jährigen Sohn zahle, aber im Mercedes zu den Gerichtsverhandlungen erscheine. Girodes sagt, dass er auf der Northeastern University studiert hat und früher einmal Model für Calvin Klein war.

Girodes wurde noch vor den Wahlen verhaftet, weil er Geld von Leuten kassiert hatte, denen er eine günstige Mietwohnung in Manhattan versprach. Es wurde ein Verfahren in neun Fällen von schwerem Diebstahl angestrengt. Sein Gegner, der Demokrat Bill Perkins, gewinnt schließlich die Wahl zum Senat mit 95 Prozent der Stimmen. Aber immerhin 5619 Wähler stimmten für Girodes.

WEST 154TH STREET
Auf dem Trinity Church Cemetery:
Francis Ford, born June 16th, 1877,
died Sept. 10th, 1906
Walter Ford, born Dec. 12th, 1881,
died Aug. 27th, 1971

Ein Sozialbau, benannt nach Thurgood Marshall. Das Symbol der Wohnanlage ist ein Hammer und eine Waage. Marshall war der erste afroamerikanische Richter am Obersten Gerichtshof der Vereinigten Staaten, John F. Kennedy hatte ihn gegen den Protest einiger Südstaaten für das Amt vorgeschlagen.

Marshall hatte als Anwalt 1954 einen Prozess geführt, der mit dem Urteil endete, dass eine »getrennte, aber gleiche« öffentliche Schulbildung für Schwarze illegal sei. Er lebte, wie auch Duke Ellington, in den Villen der Hamilton Heights zwischen 145th und 155th Street, im wohlhabenden Teil von Harlem, den sie in den zwanziger Jahren »Sugar Hill« nannten. »Wenn Sie weiß sind und dies lesen, sollten Sie es nicht als selbstverständlich ansehen,

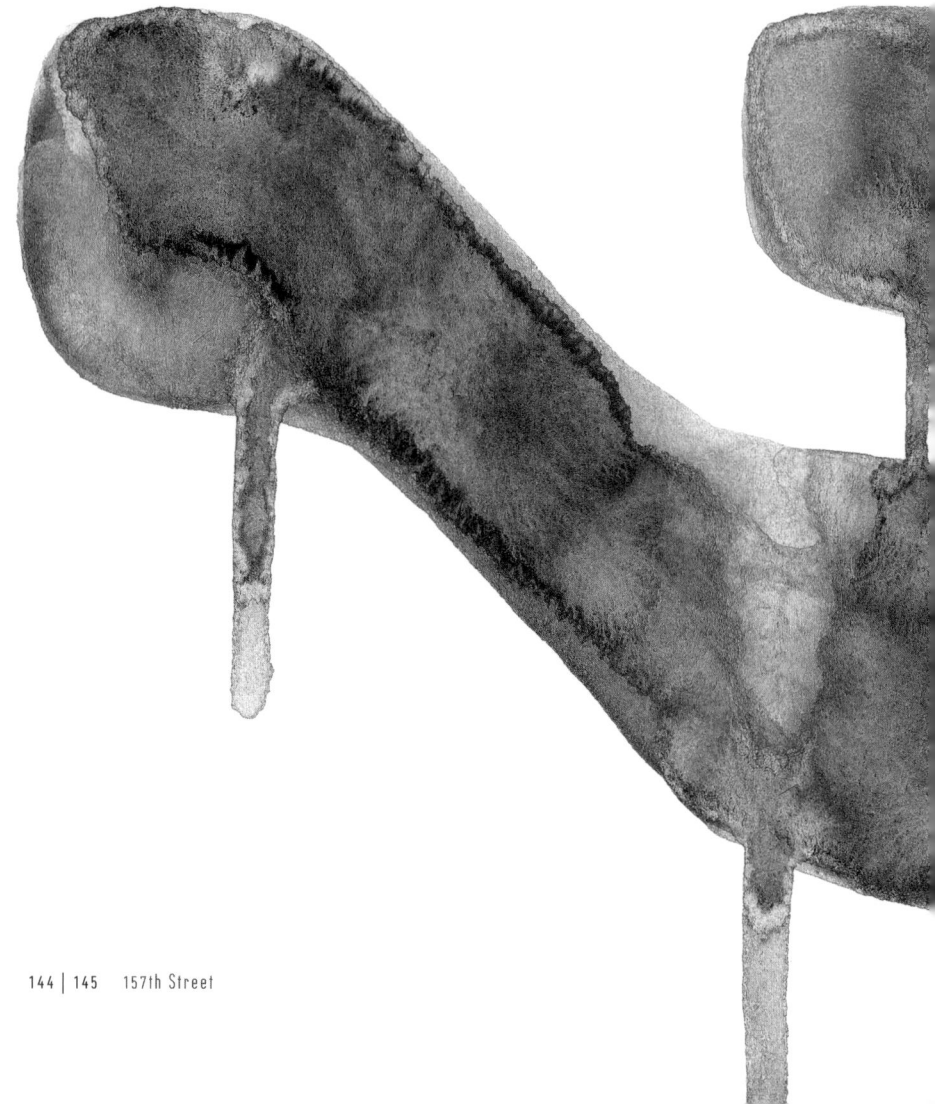

dass ganz Harlem ein Slum ist«, schrieb der Dichter und Journalist Langston Hughes in seinem Essay *Down Under in Harlem* einmal: »Das ist es nicht. Es gibt große Wohngebäude auf dem Hügel, Sugar Hill, und oben am City College – schöne Häuser mit hohen Mieten, Aufzügen und Portiers, wo farbige Familien ihre Babys in privaten Kindergärten unterbringen und ihr Nachwuchs die Ethical Culture School besucht.«

Hughes, der 1902 in Missouri geboren wurde, war in den zwanziger Jahren durch Afrika gereist, er hatte im Club Le Grand Duc in Paris in der Küche gearbeitet und später als Hilfskellner in den Vereinigten Staaten, wo er als Dichter entdeckt wurde, weil er dem Avantgarde-Literaten Vachel Lindsay drei Gedichte auf die Speisekarte geschrieben hatte, die der gleich als »Debüt eines schwarzen Hilfskellners« veröffentlichen ließ. Hughes selbst war – zu seinem Bedauern – aber nicht wirklich schwarz, sondern ein, was seine Vorfahren betrifft, sehr amerikanischer Autor: der Nachfahre des englischen Emblematikers und Dichters Francis Quarles, eines Sklavenhändlers, eines Franzosen, eines Sklaven und eines Indianers vom Stamm der Irokesen.

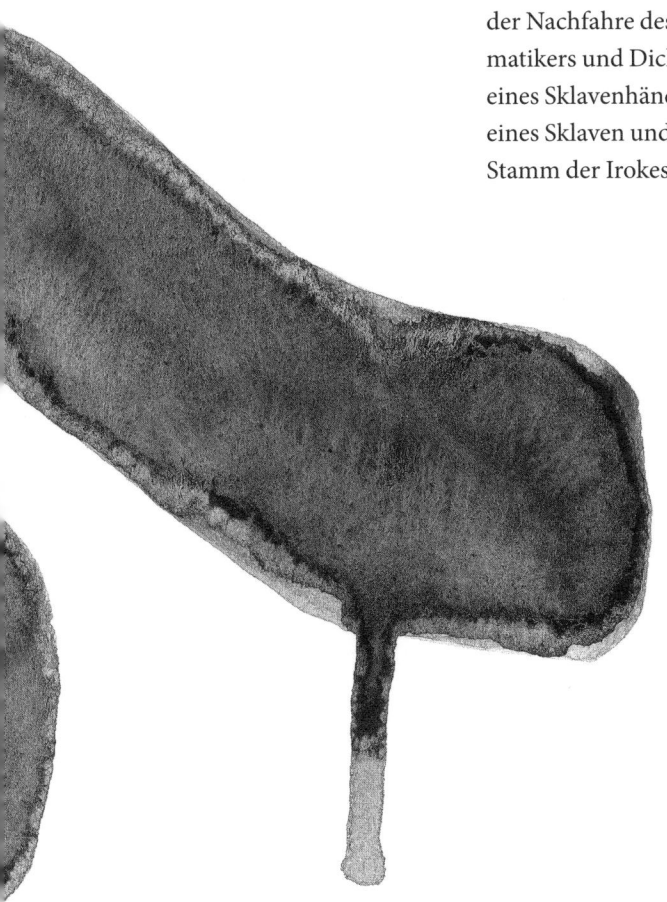

EDGECOMBE AVENUE

Hier sieht man die Felsen, die unter Manhattan liegen. Hier gibt es keine Wolkenkratzer mehr, dafür wird die Topografie wild und zerklüftet, schlägt Wellen, stürzt sich in Schluchten, als hätte man Manhattan wie eine Bettdecke aufgeschüttelt. Es ist nicht das Manhattan, das wir kennen, sondern eine unwirkliche Stadt mit steilen Felswänden und Holzhäusern wie auf den Lofoten und tiefen Wäldern, hinter denen die Hochhäuser in der Ferne im Süden wie erschreckte Krieger hervorschauen: Früher waren auch dort, im Süden von Manhattan, Hügel und Täler und Bäche, Felsnasen und Senken, aber man hat alles eingeebnet, in ein Schachbrett verwandelt, in dem das Chaos nur noch in der Vertikale stattfindet.

An der Ecke, sagen die Bewohner, war einmal ein leeres Grundstück. Es lagen die Trümmer eines abgebrannten und dann halbherzig abgerissenen und nie wieder neu aufgebauten Hauses darauf, zwischen den Backsteinhaufen wuchs Gebüsch, ein Autowrack parkte räderlos in den Ruinen.

Die Kinder aus den roten Backsteinhäusern, sagen die Bewohner, mochten das verwilderte Grundstück. Abends rotteten sich dort die Jugendlichen zusammen und zogen los.

Vor ein paar Jahren allerdings ließ Bürgermeister Bloomberg Spielplätze in ganz Manhattan bauen: Bulldozer schoben die Trümmer weg, eine Firma baute rote Rutschen und grüne Wippen und gelbe Schaukeln und einen riesigen Marienkäfer und Zäunchen auf. Das Ganze wurde von Bürgermeister Bloomberg als City Improvement, als Verbesserung der Lebensqualität der Stadt, gefeiert. Mehr und mehr Menschen, denen das Leben südlich der 110th Street zu teuer wurde, zogen in die renovierten Häuser.

Auf dem neuen Spielplatz spielen die Kinder nicht mehr, sie üben drei vorgegebene Bewegungen aus: Rutschen, Schaukeln, Wippen. Sie sind jetzt weiß und nicht mehr schwarz. Auf den Parkbänken sitzen nicht mehr die Banden, sondern die Nannys.

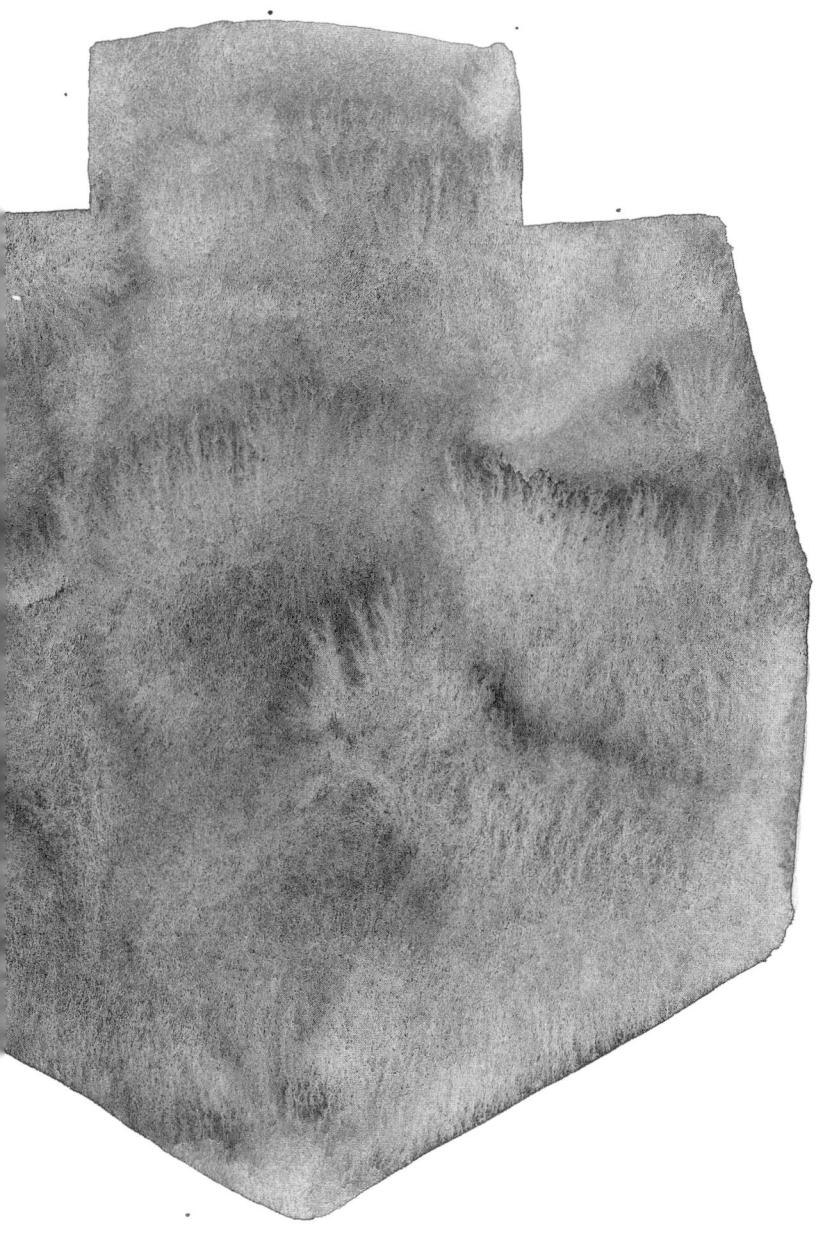

Im Tattoo Studio sitzt ein junger Mann
mit schwarzen, scharf frisierten Haaren,
der sich Rotten Apple nennt. Seine Wer-
bebroschüre teilt mit, dass er »various
celebrities like Don Miguelo, Messiah
und Arcangel« tätowiert habe. Seine
neuesten Tattoo-Arbeiten sind ein
Dschungel aus bunten Schlingpflanzen
auf dem Rücken einer jungen Frau und
ein lebensgroßer fotorealistischer Papa-
gei auf dem Arm eines Mannes, eine
psychedelisch bunte Eule, die auf einem
Schädel sitzt, sowie ein Kleinkind in
Latzhosen auf diversen Ober- und Un-
terarmen; sehr kunstvoll, aber die Mafia
kann man damit nicht beeindrucken.

Die Sprache ändert sich. In Midtown sind die Geldautomaten in den Delis und die wenigen noch funktionierenden öffentlichen Fernsprecher englisch und spanisch beschriftet; je weiter man nach Norden kommt, desto südlicher, lateinamerikanischer wird die Sprache auf den Schildern und den Fahrzeugen. Auf einem Transporter von Malécon Shipping steht »Mas de 12 anos sirviendo al Pueblo Dominicano«. Das Restaurant Carniceria bietet als Tagesgerichte *Bictec de Palomilla* und *Chuleta de Cerdo* an.

Ein Laden verkauft Devotionalien und Figuren, wie man sie aus Wallfahrtsorten kennt: den heiligen Michael, Moses, die Jungfrau Maria, Christus mit Dornenkrone, alles aus Plastik. Dazu aber auch, vom gleichen Plastikfigurenhersteller: einen Indianer mit Pfeil und Bogen, eine halbnackte Häuptlingsfamilie, einen afrikanischen Tänzer mit Goldschmuck und eine Buddhafigur; für jeden etwas.

Nicht weit von hier liegt das Morris-
Jumel Mansion, eine klassizistische Villa
mit weißen Säulen, die sich ein briti-
scher Colonel 1765 baute, als hier noch
wildes Land und Wälder waren und
man tief unten den Fluss glitzern sah;
sein Land erstreckte sich vom Hudson
River bis zum East River über die
gesamte Breite der Insel. Während der
amerikanischen Revolution wohnte
George Washington 1775 einen Monat
lang hier.

Madame Eliza Bowen Jumel, Tochter
einer Prostituierten aus Rhode Island,
war die Geliebte des Weinhändlers
Stephen Jumel, der einer Familie mit
französisch-haitianischen Wurzeln ent-
stammte. Sie gab vor, todkrank zu sein,
und bat ihn als letzten Wunsch, sie zu
heiraten, da sie als anständige Frau sterben wolle. Nachdem er sie geheiratet
hatte, erholte sie sich auf wundersame
Weise. 1810 kaufte Jumel das Morris-
Haus und reiste mit Eliza nach Frankreich. Eliza behauptete später, ihr Bett
stamme aus Napoleons Besitz, was
freilich erfunden war. Jumel starb nach
einem Unfall – er war von einem Wagen
in eine Mistgabel gestürzt und hatte
stark geblutet, man hatte ihn verbunden
und über Nacht in Elizas Obhut gelassen, am Morgen fand man ihn tot und
ohne Verband. Eliza wurde eine der
reichsten Frauen New Yorks; der ehemalige Vizepräsident der Vereinigten
Staaten, Aaron Burr, machte ihr einen
Heiratsantrag. Er hatte Alexander
Hamilton in einem Duell getötet, und
außerdem hatte er Schulden.

Sie wies ihn mehrfach ab, er kam, so eine der vielen Geschichten, mit einem Geistlichen und erklärte, sie würden so lange nicht gehen, bis sie ihn auf der Stelle heirate, worauf sie sich erstaunlicherweise einließ.

Sie trennten sich 1833 nach nur vier Monaten, 1836 ließ sie sich scheiden; ihr Scheidungsanwalt war Hamiltons Sohn.

1842 lernte sie auf einer Erholungsreise nach Saratoga Springs die schwarze Köchin Anne Northup kennen und brachte sie und ihre Kinder mit in die Villa. Northups Ehemann, ein Musiker, war verschleppt und versklavt worden (sein Leben wurde die Vorlage für den Film 12 *Years a Slave*).

Eliza Jumel starb 1865, mit 90 Jahren. 1964 behauptete eine Gruppe von Schulkindern, eine alte Dame hätte ihnen bei der Besichtigung des Hauses im zweiten Stock erklärt, sie sollten bitte leise sein, ihr Mann sei sehr krank. Da zu diesem Zeitpunkt angeblich niemand außer der Klasse und einem Porträt von Eliza Jumel im Haus war, wurde die Villa zu einem Lieblingsziel für Paranormalitätsforscher aus aller Welt, darunter Hans Holzer, der 1965 kam und keine Spur von Eliza Jumels Geist zu sehen bekam, dafür aber zu seiner Überraschung auf den Geist von

Stephen Jumel getroffen sein will, der sich beklagte, Eliza habe nachts seine Verbände abgenommen und so seinen Tod herbeigeführt. Andere wollen den Geist eines hessischen Soldaten gesehen haben, der nach der Wiedereinnahme Manhattans 1775 das Anwesen mit seiner Kompagnie vorübergehend besetzt hielt und hier betrunken die Treppe hinunterstürzte. Wenn es einen Geist gibt, ist er jedenfalls wandlungsfähig und hartnäckig:

Er hat bereits mehrere Voodoo-Gruppen überlebt, die im Park Hühner schlachteten, um ihn zu vertreiben, und auch die illegalen Anstrengungen eines Exorzisten, der, um den Geist auszuräuchern, auf dem Gelände des Parks einen Schuppen in Brand setzte, in dem sich ein – wie sich zeigte, extrem explosionsfreudiger – Aufsitzrasenmäher befand.

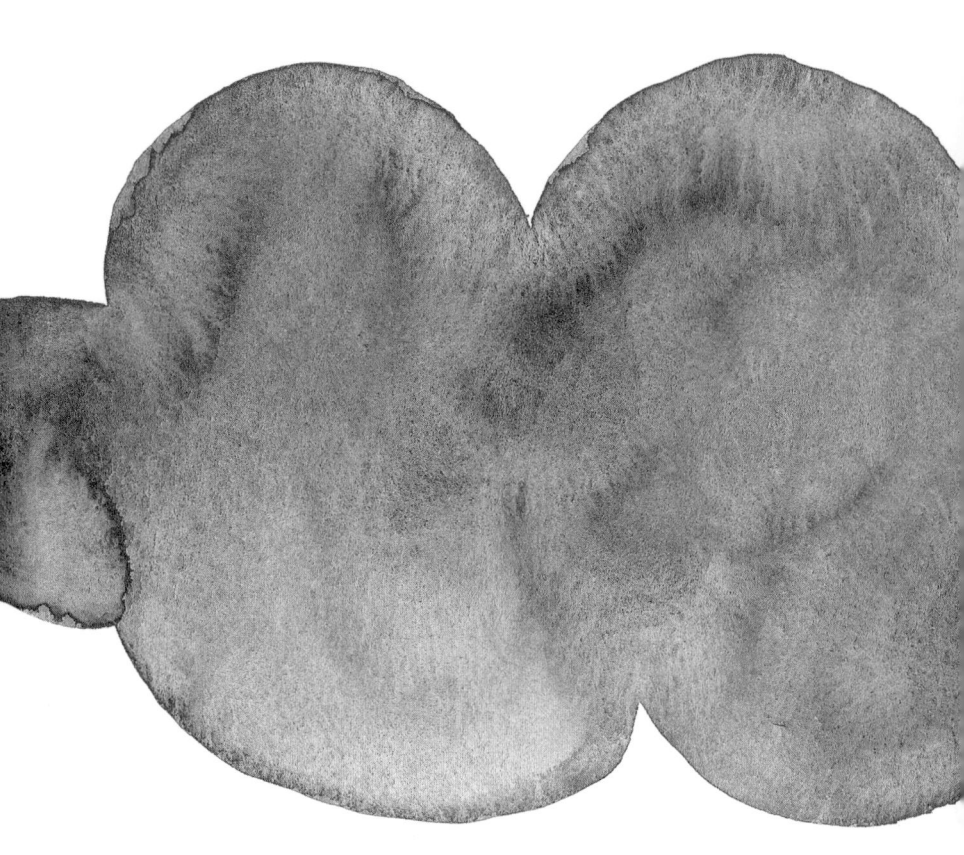

Graffiti auf einem Lastwagen, West 163rd Street

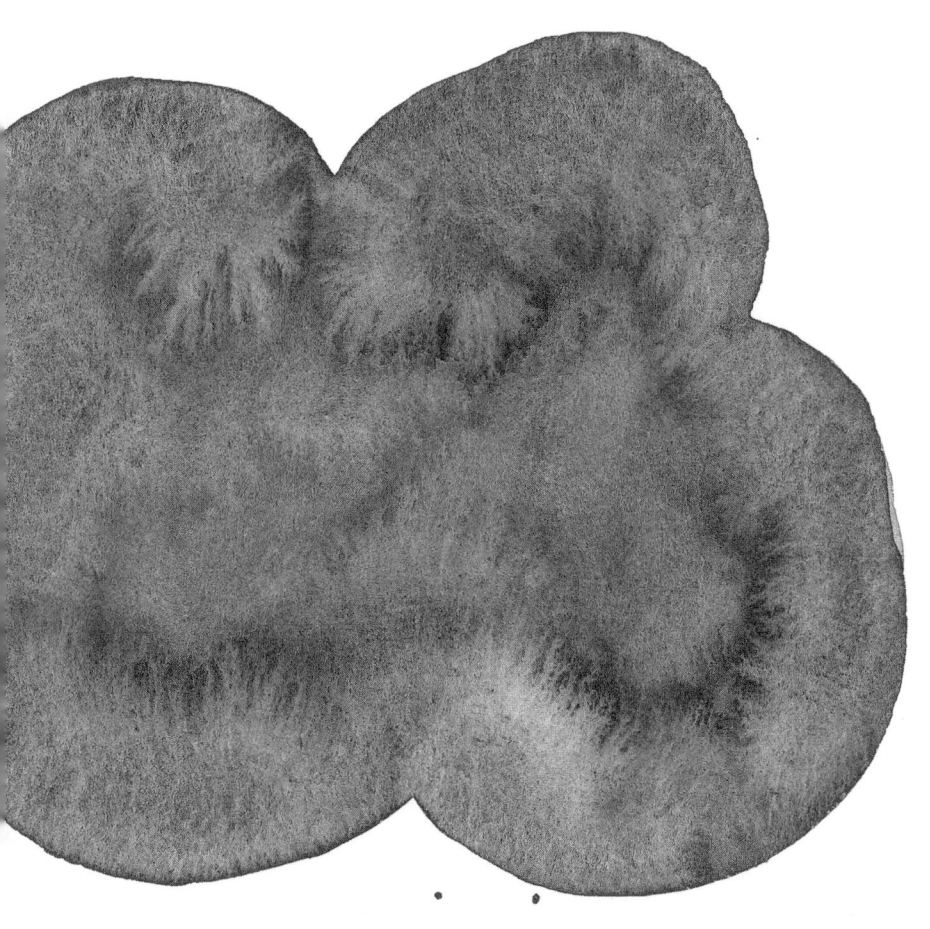

FIREFIGHTER JOHN P. SULLIVAN WAY

Firefighter John P. Sullivan, who worked at Engine 84/Ladder 34 in Washington Heights for 27 years, died in 2010 just two months after retiring at the age of 52. He had been diagnosed with an aggressive form of cancer related to the months he spent working at Ground Zero after the attack.

Ein Laden verkauft Ventilatoren und Teppiche mit aufgedrucktem Orient-Muster. Auf der Straße ein Lastwagen, der mit Kreisen besprüht wurde. Im Laden unten ein Plakat: »Send money to ANY bank account in Nigeria«.
Ein Laden: »Todo en Computadora – Calidad que puedes pagar«.
Hier ist Manhattan einer der billigsten Orte der USA. An einem Stand werden frische Ananas verkauft.

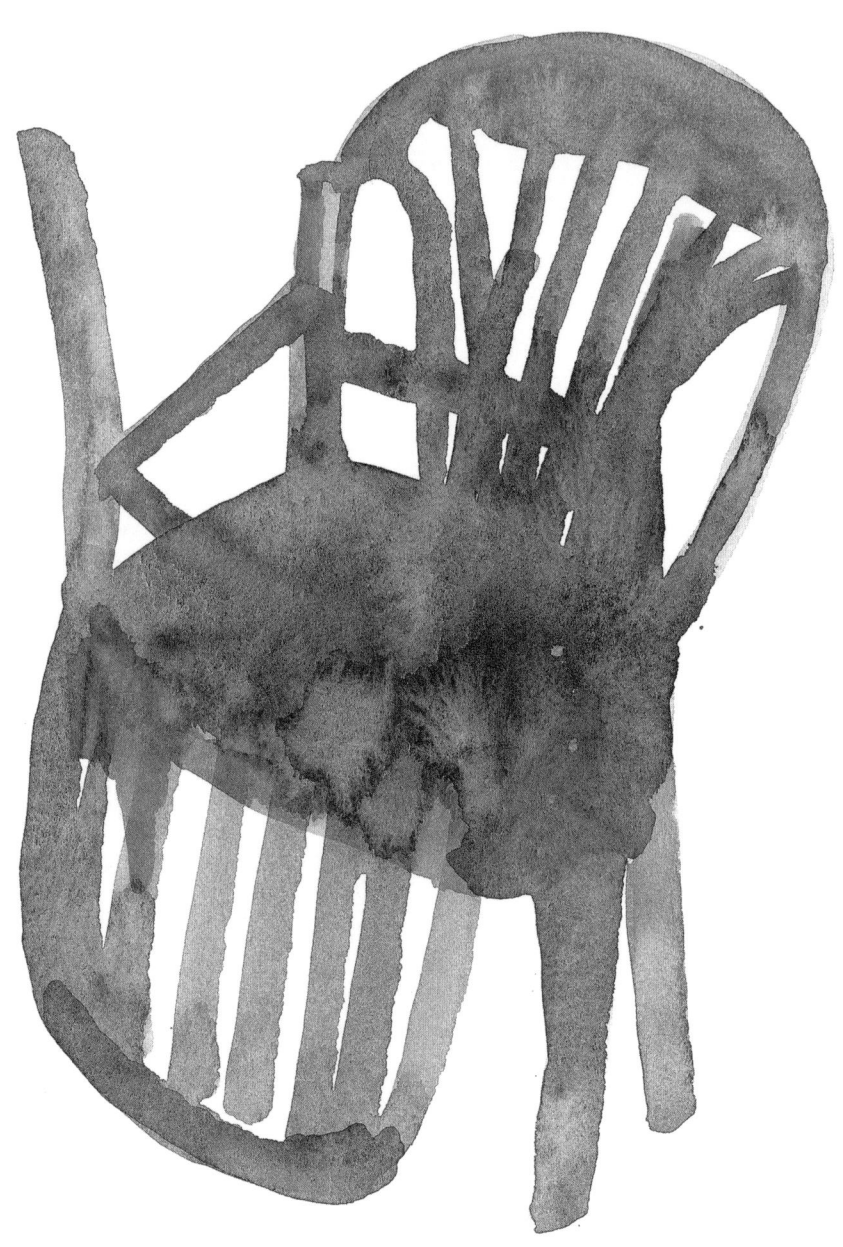

Jemand hat zwei Monobloc-Plastik-
stühle so aufeinandergestapelt, wie man
schöne alte Holzstühle aufeinander-
stapelt, kopfüber, eine Sitzfläche auf die
andere. Dabei ist einer der Gründe für
den Erfolg des Monobloc, dass man ihn
gut stapeln kann, zehn Stück ineinan-
dergestapelt ergeben einen platzsparen-
den Turm. Der Plastikstuhl, den der
Franzose Henri Massonnet 1973 erfand
(genau genommen hatte er die Idee
eines stapelbaren, in einem Guss herge-
stellten Plastikstuhls von den Designern
Joe Colombo und Vico Magistretti ge-
klaut), ist der erfolgreichste Stuhl der
Welt, er wiegt nicht mal drei Kilo und
kostet drei Dollar, an einem Tag kann
man mit einer Gussform weit über tau-
send Stühle herstellen. Das Copyright
für den Stuhl ist längst verloren gegangen, er hat keinen Autor mehr, er wird
überall produziert, es gibt ihn in Afrika
und Indien und China und in Bautzener
Kleingärten, der Stuhl ist, wie eine Jeans,
eines der erfolgreichsten globalen All-
tagsprodukte, gilt aber, anders als die

Jeans, als Problem, weil er aus Plastik
ist, und außerdem als Inbegriff pragma-
tischer Hässlichkeit: Wo alles wie früher
und nichts billig aussehen soll und genug Geld für nachhaltige Holz- oder
Eisenstühle da ist, wurde der Monobloc
bereits verboten – in Kopenhagen,
Heidelberg und Freiburg zum Beispiel.
Auch im West Village und in Soho findet man ihn nicht, und sogar den Times
Square hat der anspruchsvolle Mittelstand mit Fermob-Stühlen im Pariser
Retrodesign besetzt. Es gibt in den
reichen, ökologisch verantwortlichen
Vierteln keine Monoblocs (genauso
wie es dort kaum noch Plastikspielzeug
gibt), und wie im Falle der Jeans wird
es noch ein paar Jahrzehnte dauern, bis
man ihn attraktiv finden wird: Erst
wenn auch das letzte überteuerte Innen-
stadt-Café im handgesägten Hipsterstil
eine aus alten Bohlen zusammmenge-
zimmerte Massivholzbank vor die Tür
stellt, wird der Monobloc als Ausdruck
robuster Weltzugewandtheit von Leuten
gelten, die im Leben etwas anderes zu
tun haben als nostalgisch dazusitzen.

No trespassing.
Was als Erstes auffällt in amerikanischen Wohngebieten, ist das Fehlen von
Zäunen. Vor den Häusern gibt es einen
perfekt manikürten Rasen, der von der
Zufahrt zur Doppelgarage unterbro-
chen wird, aber zur Straße hin vollkommen ungeschützt daliegt wie eine reprä-
sentative Riesenfußmatte. Trotzdem
würde es niemand wagen, sich auf diesen *Front Lawn* zu setzen oder dort zu
parken. Amerikaner lernen schon
als Kinder, dass Eindringlinge auf dem
Grundstück unter Umständen erschossen werden, ohne dass der Grundbe-
sitzer wegen Totschlags verurteilt wird.
Das geltende Recht und das Wissen
darum sind ein besserer und höherer
Zaun als einer aus carbolineumgetränk-
ten Holzlatten, dessen energischste
Drohung die »Warnung vor dem Hunde« ist.

Hier schneidet der Manhattan Express-
way, der die George Washington Bridge
mit der Bronx verbindet, durch Manhattan: Tief unten, wie in einem Canyon, rauscht auf zehn Spuren der Verkehr. Manhattan ist eine Insel, auf der
immer noch etwa 1,6 Millionen Menschen leben (1910 waren es mehr als
2,2 Millionen) – und alles, was sie brauchen, kommt nachts mit Lastwagen
über die George Washington Bridge
und wird dann in Tausende von Klein-
transportern umgeladen; die Brücke ist
die Hauptschlagader von Manhattan.

Die Hitze der Abgase; das Flimmern
über den hinter dem Fahrerhaus aufge-
reckten verchromten Auspuffrohren,
die die Lastwagen mit einem gewissen
Stolz zu tragen scheinen: Sie kommen
aus einer Welt, in der der rauchende
Schlot ein Zeichen ist, dass alles gut
läuft.

Nur so kann man vielleicht auch das
gespenstische Ritual verstehen, das
Rolling Coal heißt und vor allem im
Mittleren Westen bei den Fahrern der
großen Pick-up-Trucks beliebt ist –
sie manipulieren die Motoren so, dass,
wenn man Gas gibt, riesige schwarze
Rußwolken aus dem Auspuff kommen.
Mit diesen Rußmonstern treffen sie
sich, um die Schönheit des Effekts zu
feiern (»Rolling Coal ist eine bewusste
Form von Umweltverschmutzung zur
Unterhaltung oder aus Protest«, heißt es
auf Wikipedia) – und manchmal machen sie auch Jagd auf die Elektroautos
der reichen Städter, die sie an der Ampel
mit aller Kraft eindieseln. In New Jersey
ist Rolling Coal für illegal erklärt worden, nachdem der demokratische Abgeordnete Tim Eustace in seinem Elektro-
auto auf dem Autobahnzubringer einge-
dieselt worden war; in Colorado nicht.

Von der Brücke aus sieht man unten,
über der linken Fahrbahn, ein riesiges
grünes Schild, auf dem, wie ein Versprechen, das Wort NORTH steht.

Die Stadt sieht jetzt definitiv nicht mehr aus wie das, was man sich unter Manhattan vorstellt, auch nicht wie Harlem-Romantik. Stattdessen der schrille, lärmende Alltag einer lateinamerikanischen Metropole – flache, zweigeschossige, mit Plakaten überklebte Häuser: »Tenemos tu casa en rebublica Dominicana«, »Esmeraldo Bakery«, »Bizcocho dominicano«, die herumlungernden Jungs mit den Shaun-das-Schaf-Frisuren und Sonnenbrillen vor ihren heftig getunten, abgedunkelten, mit neonfarbenen Leuchtaufklebern überzogenen, teilweise mit pochenden blauen Lichtern unter dem Wagen ausgerüsteten japanischen Yakuza-Autos; die alten Leute, die im Klappstuhl neben den Plastikkoffern und Regenschirmen und Spielzeuggewehren sitzen und im Mobiltelefon Radio hören, während sie auf Kunden warten, die Bäckereien, in denen die Torten aus dem gleichen Material sind wie die Plastikkoffer nebenan (Farbstoffe, Konservierungsmittel, Geschmacksverstärker – alles drin, was unten im Village längst durch home-grown, organic, natural, vegan, fair et cetera ersetzt wurde).

Vor einem dunklen backsteinernen Wohnkomplex an der Ecke zur Fairview Avenue parkt ein Ford-Lastwagen mit der Aufschrift BIMBO. Er liefert Kuchen aus. Bimbo ist ein mexikanischer Backwarenkonzern und der größte Backwarenlieferant in Nordamerika. 1945 wurde der Firmenname »Super Pan« in »Bimbo« geändert, eines der ersten Kunstworte in der Geschichte moderner Firmennamen: Es soll die positiven Klangassoziationen von *Bingo* und *Bambi* zusammenbringen. Eine Namensänderung für die englischsprachige Welt hielt die mexikanische Firma, als sie 1966 die Großbäckerei Pacific Pride Bakeries übernahm, nicht für notwendig.

Am Highbridge Park geht es plötzlich steil bergab. Die backsteinernen Hochhäuser sehen verlassen aus und enden schließlich in einem Park. Am Straßenrand stehen ein paar Männer mit Putzeimern und Staubsaugern und reinigen Autos.

L. verschwand in einem der Läden und probierte Sonnenbrillen an und überlegte sich, ob sie sich hier einen Badeanzug kaufen sollte. Es waren keine normalen Sonnenbrillen und keine normalen Badeanzüge. Auf der 181st Street gibt es Sonnenbrillen, die aussehen, als ob man eine Yacht in Miami liegen habe, die man mit dem Verkauf rosafarbener Pelzmäntel finanziert. Es gibt falsche Louis-Vuitton-Seidentücher (aus Seidenimitat), den neonpink gestrichenen Silber- und Strassladen »Coolcat«, den lilafarbenen Fashionladen J&J, ein Geschäft mit goldenen Paillettenportemonnaies, hautenge Kleider mit Neonmustern, falsche Marmortischplatten, curaçaoblaue Hochflorteppiche, mauvefarbene Chesterfield-Sofas, eingeschweißte fliederfarbene Märchenprinzessinnen-Puppen und giftgrüne Plastik-Pumpguns – alles in Farben, die in den teuren Wohnvierteln *downtown* so gut wie nirgendwo zu finden sind (man bekommt dort nicht einmal ein Spielzeugauto aus Plastik mit Sirene und Blinklicht; dafür gibt es hier keine Holzautos mit abgerundeten Ecken).

Was hier verkauft wird, ist dabei gar nicht mal immer sehr billig; es ist vor allem das, was *downtown* als vulgär gilt,

als laut, billig, nicht nachhaltig, es ist das, wovon die Kinder in den Supermärkten immer weggerissen werden, wenn sie überhaupt dorthin kommen. Es blinkte und glitzerte und funkelte und war ganz herrlich. Warum mag man dieses Zeug so?

Vielleicht ist die heimliche Liebe zum Vulgären auch eine Gegenreaktion auf die zunehmende Anämie der Ästhetik, eines alles dominierenden Stils, der den Anforderungen eines globalen Kapitalismus entspricht, weil er nirgendwo aneckt. Die Models: blass und dünn und blutleer. Die Mode: blass und grau. Die Blicke: leer. Der Ton: ein mattes Summen. Das Vulgäre wirkt wie eine Blutinfusion in dieses Elend, es ist eine Antireaktion auf den herrschenden, überall verkäuflichen Minimalismus und das »Regime of Beige and Grey«, wie Rem Koolhaas es nannte. Das Vulgäre setzt dagegen die Freuden des dick Aufgetragenen, des »too much«. Die vulgären Aufsteiger kommen oft aus den von dieser Globalisierung abgehängten Regionen. Ihr Stil, der sämtliche Bildformeln für Reichtum und Geschmack überdosiert und zu einer ästhetischen Höllensuppe zusammenkocht, ist so gesehen die gut gelaunte Rache der Ausgeschlossenen.

An der Ecke hängt eine Werbung für Häagen-Dazs-Eis, Slogan: »äah!« Wenn die Washington Heights, wie es immer heißt, gentrifiziert werden, also die Puertoricaner und Mexikaner und Nigerianer und vor allem die Leute aus der Dominikanischen Republik verdrängt werden vom weißen Mittelstand der Columbia-Junior-Professoren und der jungen weißen Familien, die hierherziehen, weil ihnen Brooklyn zu teuer wird, dann ist diese Gentrifizierung hier auch eine Entfärbung. Die Weißen bringen das Beige und Graue mit, sie sitzen am Broadway zwischen der 204th und 208th Street in den neuen Cafés, in denen die Preise mit Kreide auf Schiefertafeln geschrieben werden, und tragen Kinnbärte wie ihre Vorfahren, und alles ist eingerichtet mit schweren, vormodernen Materialien, sägerauen Holzbänken, schwarzem Eisen und dicken lattemacchiatofarbenen Baumwoll-Vorhängen wie zu den Zeiten, als es hier noch Sklaven gab, die, wenn sie starben, ein paar Blocks weiter auf dem vergessenen, heute überbauten Sklavenfriedhof an der Kreuzung von 212th Street und 10th Avenue begraben wurden.

An der Ampel ein Aufkleber: »Yo mi Barrio«. In den Plastikkisten gibt es nicht die *Village Voice*, sondern *El Especialito – El Semanario de la Familia Hispana*, in den Läden Gemüse, das man downtown nicht findet, die Yautiá Amarilla zum Beispiel, eine Knolle, die man wie Kartoffeln frittieren oder zu Mehl verarbeiten oder zum Schnaps-

brennen nehmen kann. Die Kürbisse kosten 89 Cent pro Pfund.

Seit kurzem sind die Vereinigten Staaten eine Minority-Majority-Nation: Laut Zensus gehörten 2014 genau

50,2 Prozent aller Kinder unter fünf Jahren einer Minderheit an. Dabei war »White with Hispanic background« mit 22 Prozent die größte Minderheit (»Latino« gilt als »background«, nicht als »race«), gefolgt von Afroamerikanern (15 Prozent). Im gleichen Jahr lösten Latinos die Weißen als größte Bevölkerungsgruppe in Kalifornien ab. Die »two or more races«-Population wächst am schnellsten, sie wird sich in den kommenden Jahrzehnten verdreifachen – American Indian, Asian Black.

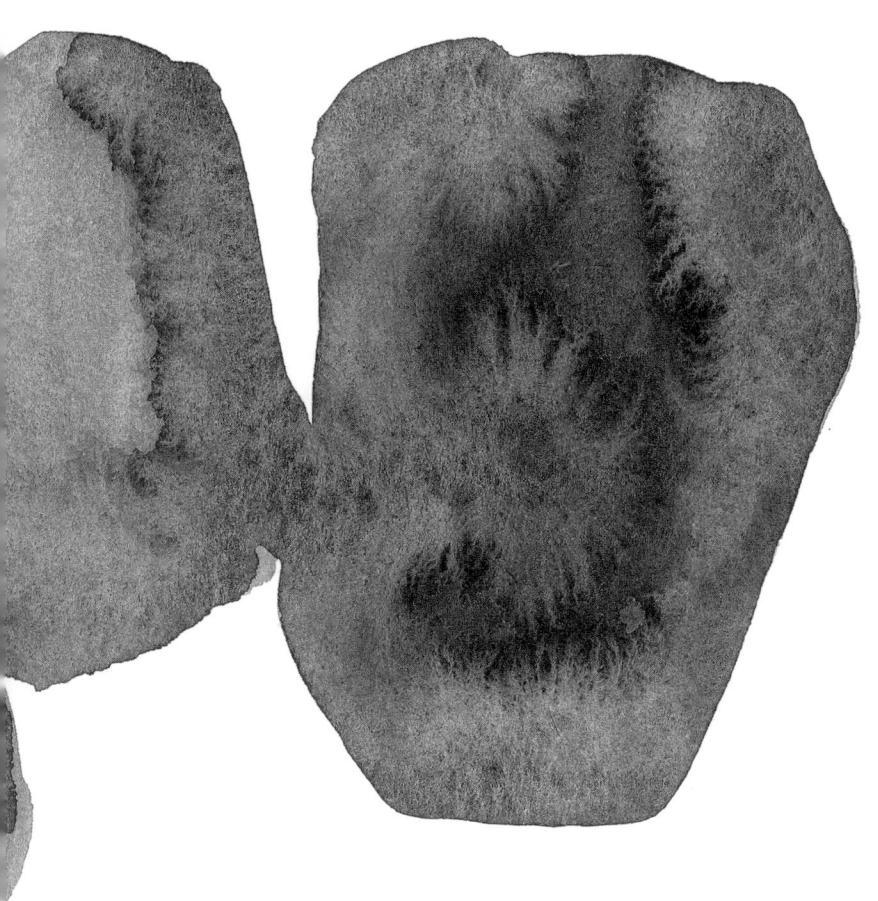

Das Auto, das er fährt, heißt Tundra. Es
sieht aus, als wäre es für die Wildnis
gebaut, als wäre Manhattan ein Canyon,
und wenn es schneit, wenn der Blizzard
kommt, sagt er, dann ist Manhattan
auch schnell wieder die Wildnis, die es
einmal war. Und an allen anderen Tagen
braucht man wegen der Schlaglöcher in
Manhattans Straßen, in denen eine aus-
gewachsene Dogge verschwinden kann,
einen Geländewagen.

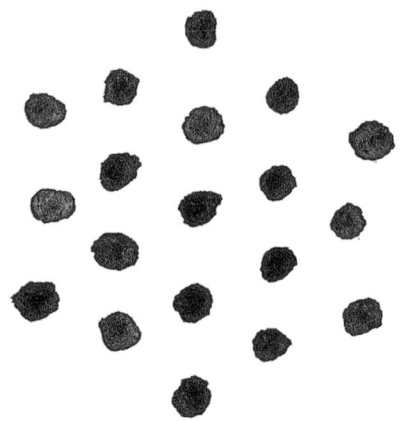

Als wir die 183rd Street erreichten, wehte ein Wind vom Hudson River, und die Silhouetten der Häuser verschwanden im Nebel. Hier liegt Manhattans höchster Punkt, hier türmen sich die Felsen bis auf 81 Meter über dem Meeresspiegel.

Hier siedelten sich erst Iren, dann Griechen, später vor allem Juden aus Deutschland an, Ende der dreißiger Jahre waren es 20 000, die Gegend wurde Frankfurt-on-the-Hudson genannt. Aber schon 1960 stellten die deutschen Immigranten nur noch 16 Prozent der Bevölkerung. In den siebziger Jahren kamen viele Russen, dann Familien aus Puerto Rico und der Dominikanischen Republik an, die heute 73 Prozent der Bevölkerung ausmachen, gegenüber 18 Prozent Weißen.

In den achtziger Jahren wurde die Gegend zum Hauptumschlagplatz für Crack, das von Gangs namens Wild Cowboys oder Red Top Gang vertrieben wurde. Am Harlem River Drive werden mehr Überfälle begangen als in jedem anderen Teil von New York.

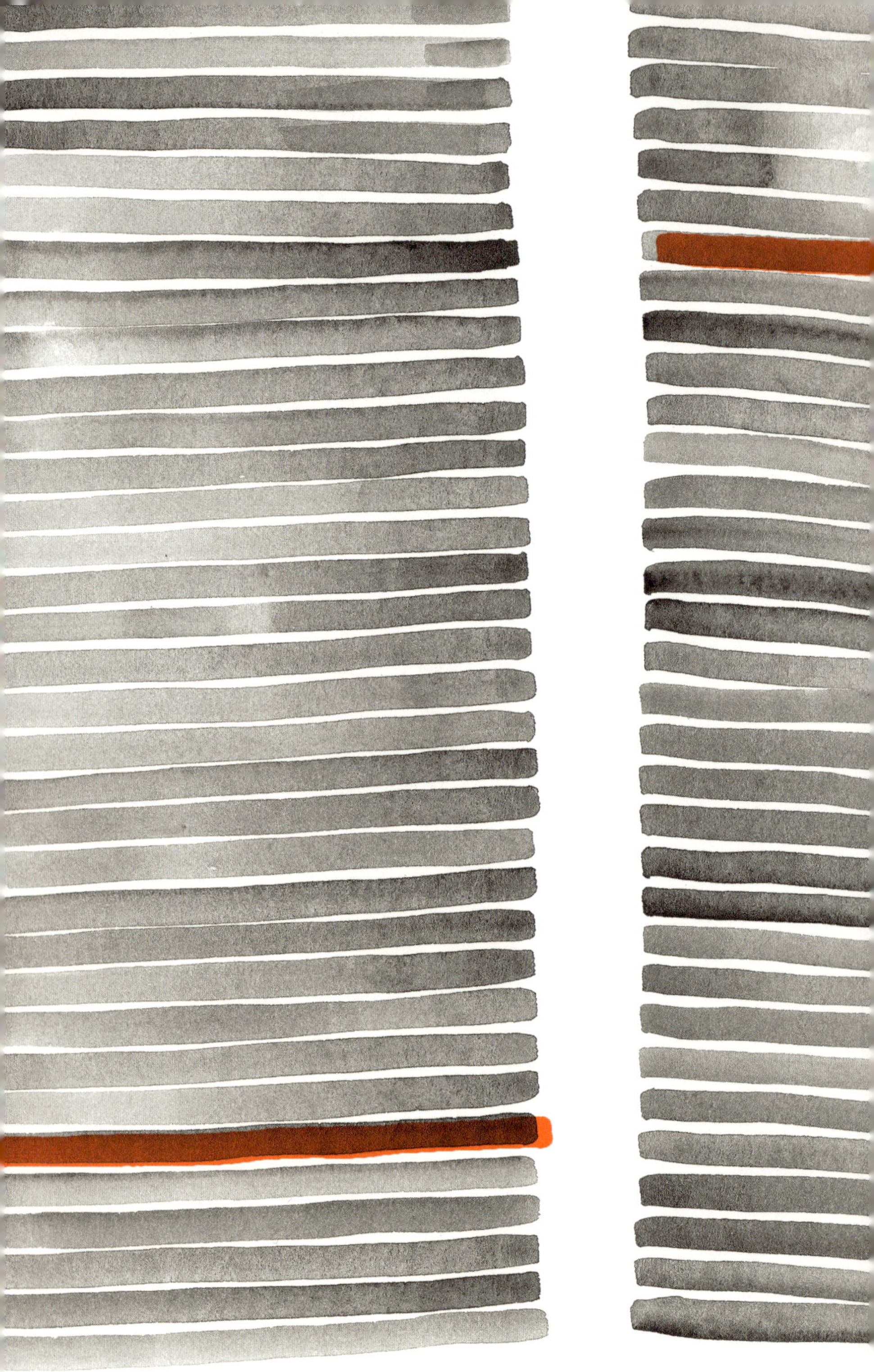

 Jalousien, 187th Street

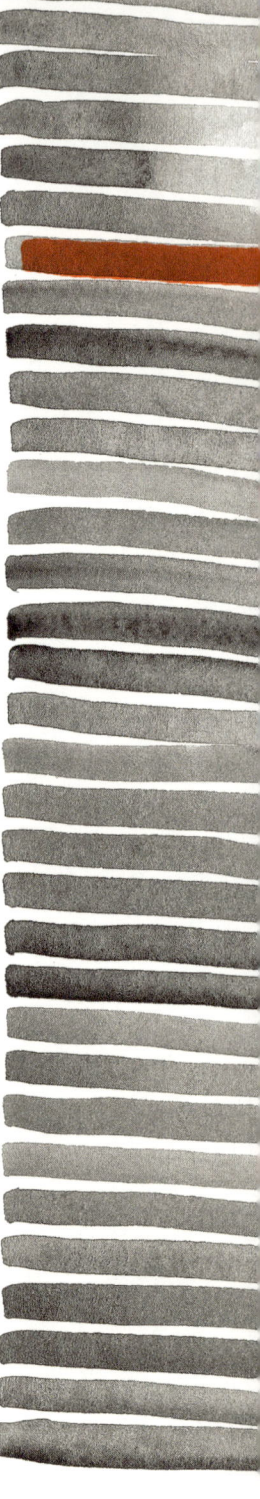

Man schaut aus amerikanischen Fenstern anders heraus. Das liegt einerseits daran, dass man sie nicht wie in Deutschland seitlich oder als Flügel nach links und rechts aufklappt, sondern sie nach oben schiebt, wo der obere Teil, wenn man den Kopf auf die Straße hinausstreckt, wie eine Guillotine über dem Genick hängt.

Die Frage, nach oben oder nach links und rechts ziehen, wiederholt sich bei der Frage von Gardine oder Jalousie. Die Jalousie ist vor allem in wärmeren Ländern beliebter, weil man den Lichteinfall, aber auch die Blicke hinein und hinaus besser dosieren kann – ursprünglich wurden mit dem Wort »Jalousie« ja orientalische Fenster bezeichnet, und wie diese waren die ersten Jalousie-Einsätze für Fenster in Europa fest montierte Gitter. Erst im April 1812 meldete der französische Tischler Cochot in Paris ein Patent für verstellbare Lamellen an. Seitdem kann das Haus die Augen aufschlagen.

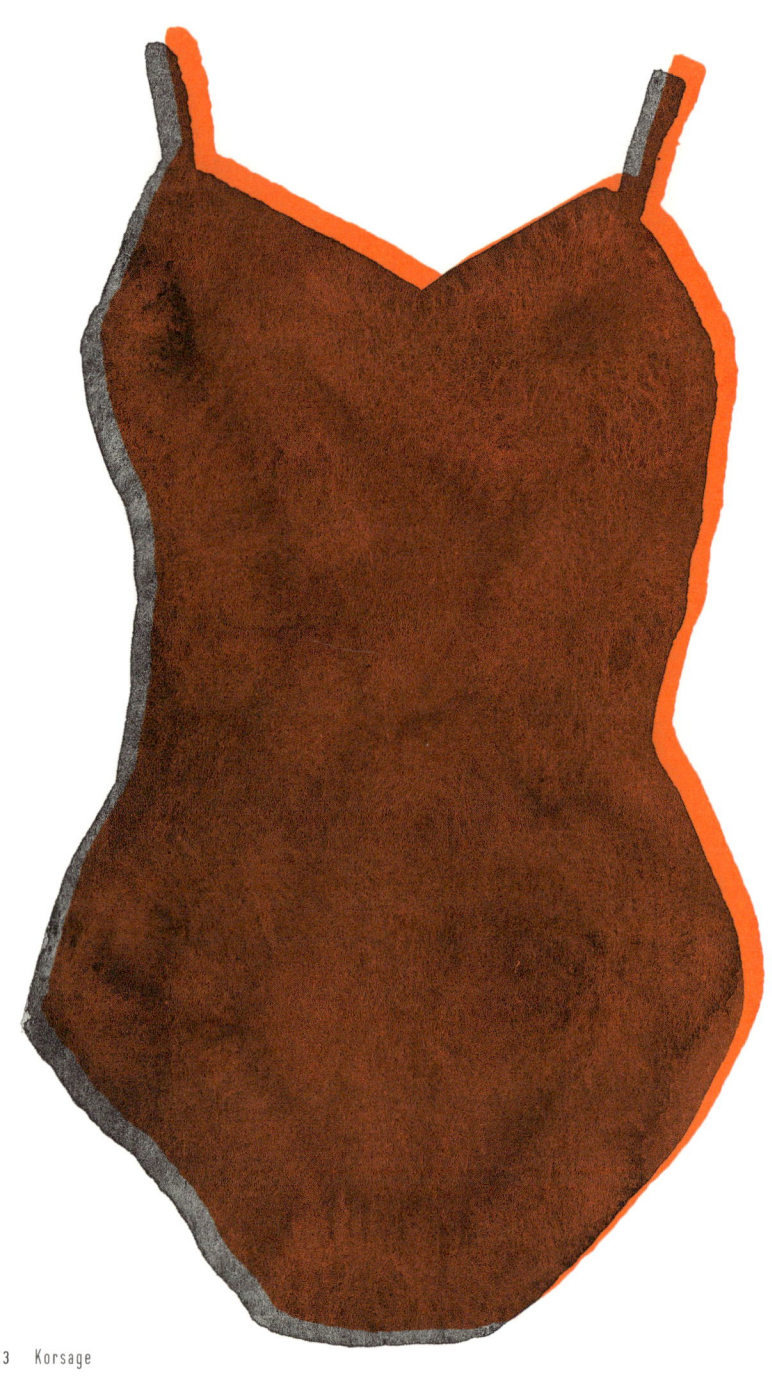

Einmal bin ich mit L. von Berlin nach München gefahren. L. malt, wo immer sie kann, auch im Auto. Als wir losfuhren, stellte sie den Becher mit dem Malwasser in den Cupholder und schaute aus dem Fenster und malte, und manchmal ließ sie das Fenster herunter und schüttete das schmutzige Malwasser aus dem Wagen; es verteilte sich als schwarzer Sprühnebel auf dem hinteren Seitenfenster und dem Kotflügel.

Auf einigen ihrer Bilder konnte man die Kiefern, die Windräder und die Felder erkennen, das graue Band der Autobahn, das sich hinter Schkeuditz erst in eine Kurve und dann den Berg hinunter in eine saftige, von Regenschauern verschleierte Wiesenlandschaft stürzt, wo ein Blitzgerät stand, das mit einem roten Knall das Innere des Wagens erhellte – die erste Fotoaufnahme eines Ateliers, das mit überhöhtem Tempo durch den Regen über eine ostdeutsche Autobahn schießt. Bei Kilometer 207 malte sie ein Bild, auf dem ein blaues, ein graues Rechteck und ein rotes Bogensegment zu erkennen waren, den im Sprühregen

blass als hellgraues Feld auftauchenden Lastwagen, das blaue Hinweisschild über der Fahrbahn, das Verkehrszeichen für Tempo 100 im Anschnitt. Bei anderen Bildern sah man keine Wolken, sondern das Nasse, Wehende, Zerlaufende selbst, so wie Helen Frankenthaler in ihren Winterbildern nicht den Baum im Schnee, sondern die frostige Kälte selbst malte. Einige von L.s Bildern wurden ganz zu abstrakten Mustern, Hieroglyphen, die nur noch eine Farbstimmung, ein untergründiges Formgedächtnis aufbewahrten, und trotzdem ergaben die an der A9 aufgesammelten Formen und Stimmungen, alle zusammengesehen, so etwas wie ein Stimmungsbild des ganzen Landes in rätselhaften Chiffren. Sie hat eine umwerfende Fähigkeit, nicht die Form, sondern das Wesen einer Sache, und nicht den Ort, sondern die Stimmung eines Moments zu malen; die Formen von Bäumen, Straßen, Zeichen und Landstrichen stolpern durch diese Bilder oft nur wie Dinge, die überrascht wurden, wie man ihrem Kern auf die Spur gekommen war.

191ST STREET

Zwischen den Hochhäusern die Park-
ings: »Early Bird Special enter before
10 am out by 7 pm 27,88 Dollar«. Es verlässt dort ein alter Mercedes 230 TE
von 1983 den Parkplatz. Kurze Zeit später steht er an der Ampel zwischen
einem Tesla und einem Truck.
Es gibt kein besseres Bild für das gegen-
wärtige Amerika als diese drei Autos.
Der Mercedes ist das Auto der schon
graumelierten Hipster, die sich nach
dem alten Europa und nach den siebziger und achtziger Jahren sehnen und
irgendetwas mit Kultur machen und
schmalgestreifte Hemden und breite
Brillen tragen und sich vor schnellen
hässlichen modernen Autos fürchten.

Es ist nicht die Sorte altes Auto, das Leute fahren, weil sie sich kein neues kaufen
können. Es ist ein soziales Statement.
Der Fahrer signalisiert, dass er einen
Sinn für eine gewisse Nostalgie hat, dass
ihm die Geschichte und eine Form von
Selbstverwirklichung in schönen Dingen wichtig sind; dass er Geld (sonst
würde er einen verbeulten Toyota fahren), aber nicht den Druck hat, der
in den üblichen Branchen herrscht; er
ist kein Anwalt (in so einem Wagen
holt man keine Business-Partner ab)
und kein Angeber (er braucht keinen
riesigen neuen Audi mit 20-Zoll-

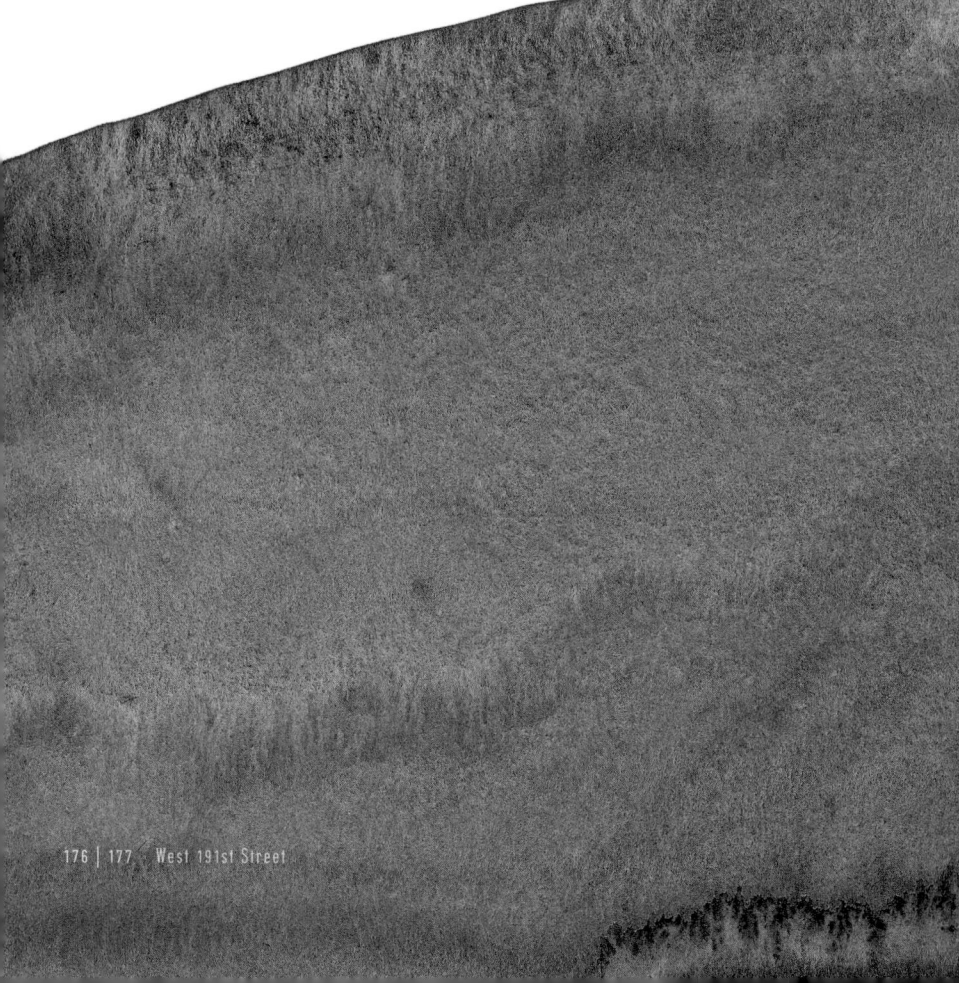

Felgen), er steht nicht auf die gewalt-
tätige Aura der großen SUV. Ein solcher
Mercedes, ein europäisches Vintage-
Mobil, teilt mit, dass der Fahrer ein inter-
essantes Leben führt: Vielleicht hat er
den Wagen von einer alten Tante auf
Cape Cod geerbt (in deren Haus – das
Auto ist auch eine Einladung – man
vielleicht lange versandete Sommer
verbringen wird, in denen der Lack des
Wagens in der Seeluft und der Hitze
weiter ausbleichen wird), vielleicht ist er
Dozent für europäische Literatur und
reist oft zu Vorträgen nach Paris und
Turin.

Der Tesla daneben ist das Auto der modernen Upperclass, die (im Gegensatz
zum Hipster) richtig Geld hat. Der Pick-
up-Truck daneben mit dem großen
Kühlermaul ist das Auto der sogenann-
ten Silent Majority, der Handwerker
und Farmer und Rednecks.
Der Verbrennungsmotor des Trucks
macht beim Beschleunigen einen Höl-
lenkrach, der wie eine wütende Gegen-
gewalt des Menschen gegen die Be-
harrungs- und Bremskräfte der Natur-
gewalten klingt; der Tesla haucht
geisterhaft-lautlos davon, als sei er

selbst Teil des Windes, durch den er schoss: Das Ding war so schnell weg, dass man gar nicht schauen konnte. Die Quartermeile wurde in 11,6 Sekunden erledigt, der Truck gedemütigt:

An der Ampel feierte man den Sieg des neuen Amerika über das alte, des Silicon Valley über Detroit, nur der Mercedes-Hipster stand immer noch an der Ampel, weil er gerade eine WhatsApp-Nachricht checken musste und der alte Mercedes sie ihm, anders als der Tesla, nicht vorliest.

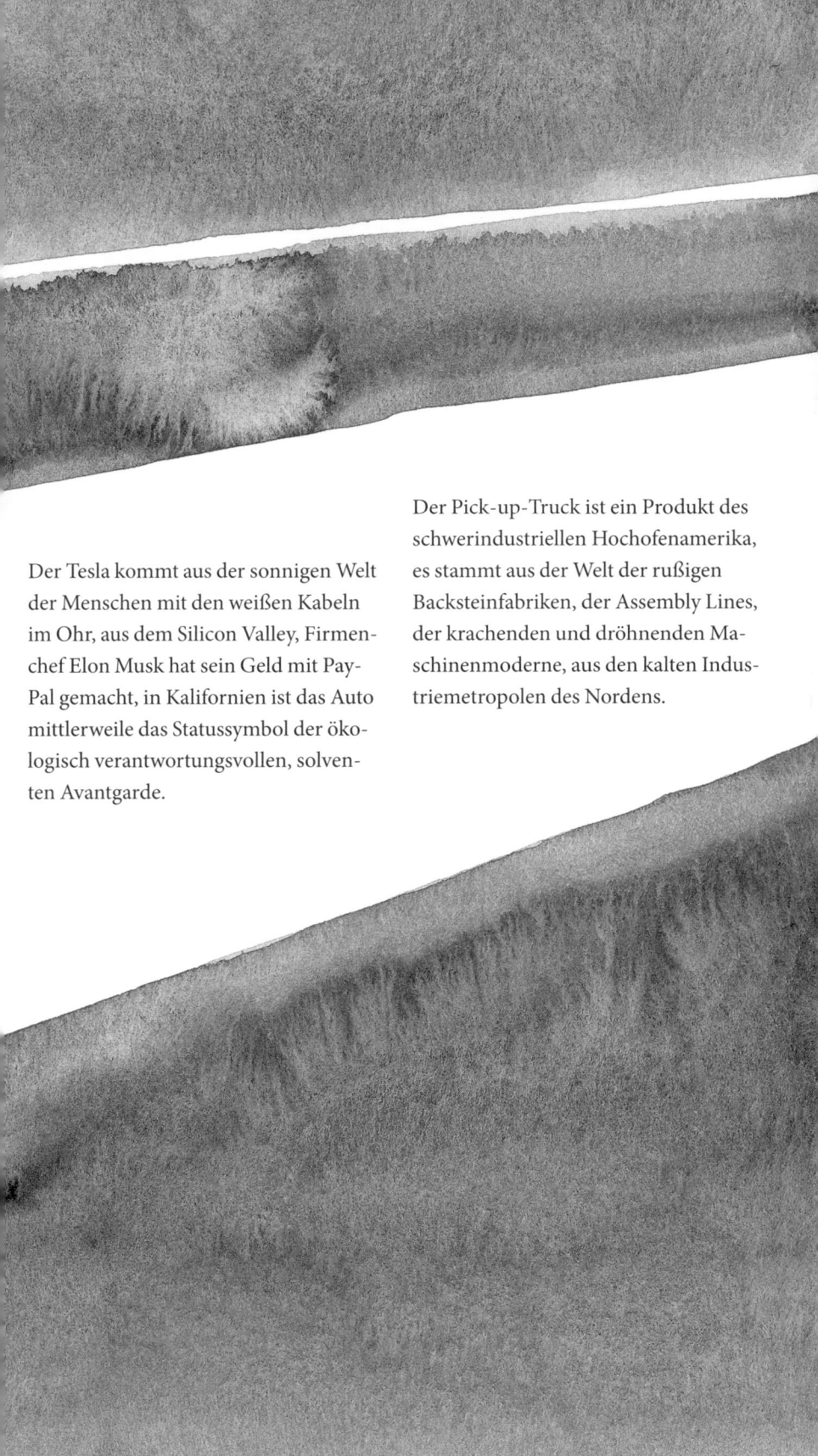

Der Tesla kommt aus der sonnigen Welt der Menschen mit den weißen Kabeln im Ohr, aus dem Silicon Valley, Firmenchef Elon Musk hat sein Geld mit PayPal gemacht, in Kalifornien ist das Auto mittlerweile das Statussymbol der ökologisch verantwortungsvollen, solventen Avantgarde.

Der Pick-up-Truck ist ein Produkt des schwerindustriellen Hochofenamerika, es stammt aus der Welt der rußigen Backsteinfabriken, der Assembly Lines, der krachenden und dröhnenden Maschinenmoderne, aus den kalten Industriemetropolen des Nordens.

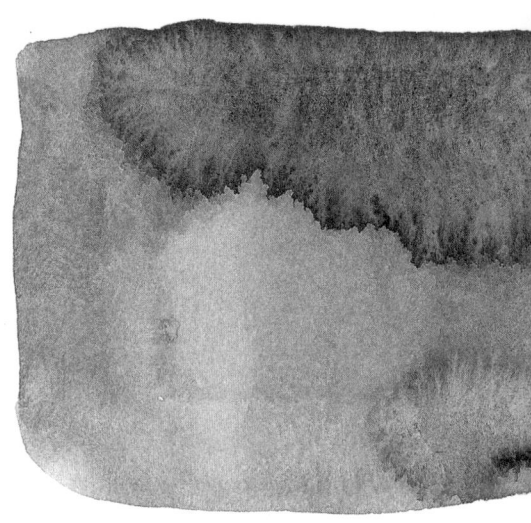

Amerika liebt seine alten Dinosaurier, eines der erfolgreichsten Autos heißt sogar wie einer: der Ford *Raptor*, die Sportvariante des meistverkauften Autos Amerikas, des Ford F150, einem Truck, an dem jedes Detail aussieht, als sei es eine Hommage an das mechanische, krachende, industrielle, rurale Amerika der Fabriken, Farmen und Schlachthöfe. Der Motor brüllt wie eine Herde Rinder, der schwarze Kühlergrill ist das Tor zu einer Ranch, das mit einem klumpigen Scharnier an den Lampen befestigt zu sein scheint, die Blinker wirken wie Schraubstöcke, selbst die Buchstaben FORD sehen aus, als seien sie Werkzeuge, darunter Haken, Ösen, Scharniere, Dinge aus der analogen Welt. Die Werbung ruft die großen Mythen der ersten Tage Amerikas auf: die Farm, die Cowboys, die Weite der zu erobernden Landschaft. Der F150 spielt Planwagen, wo er kann; sein Design ist *uber-mechanic*.

Dagegen steht das Glatte, fast Körperlose, Elektronische, Digitale, Touchscreenige, Lautlose, Vorbeihuschende, Vernetzte, Virtuelle des Tesla. Das aktuelle Amerika mit all seinen Konflikten – und vielleicht sogar ein großer Teil der Gegenwart – bildet sich in den neuen Elektro-Über-Autos aus Kalifornien

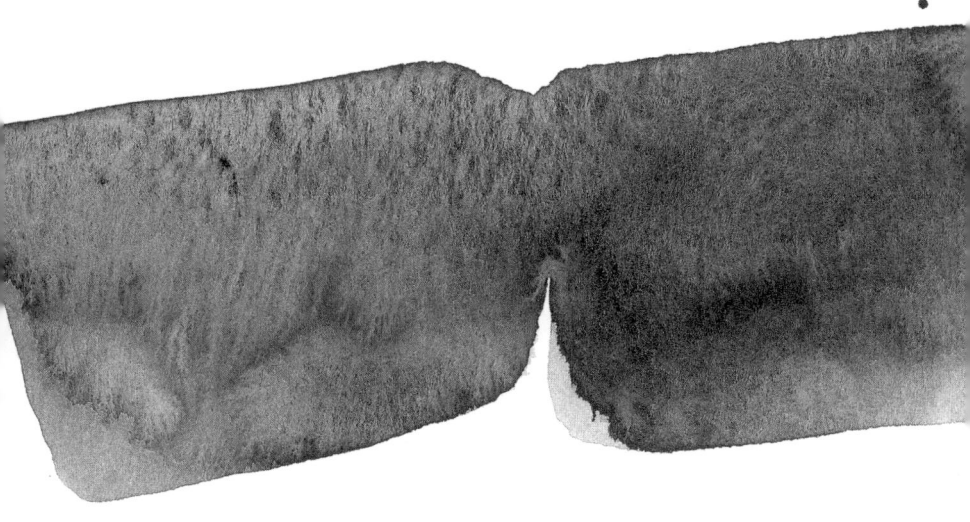

und den immer martialischer, mechanisch aussehenden Heavy-Metal-Vehikeln aus Detroit ab: iPad ist Tesla, schwarze Stereoanlage ist Detroit. Detox ist Tesla, Botox ist Detroit. Wellenreiten ist Tesla, Brickyard 400 ist Detroit (in Indianapolis). Yoga ist Tesla, Boxen ist Detroit. Sencha-Tee ist Tesla, Budweiser ist Detroit. Solarenergie ist Tesla, Fracking ist Detroit. Digital Native ist Tesla, Abstrakter Expressionismus ist Detroit (jeder Parkplatz sieht nach einem Treffen von Mustang-, Charger- und Challenger-Fahrern aus wie ein Gemälde von Pollock). Cyberwar ist Tesla, Stealthbomber ist Detroit. John Cage ist Tesla, Wagner ist Detroit.

Bratling ist Tesla, Bratwurst ist Detroit. Arm ist Detroit, reich ist Tesla – denn auch das autonome Fahren wird, wenn es im privaten Auto kommt, nicht für jeden kommen, es wird ein Extra sein und viel Geld kosten; das Lenkrad wird den Armen erhalten bleiben. Smart Home ist Tesla, weißes-Holzhaus-mit-Veranda-und-alter-Küche-wo-es-an-einem-kalten-sonnigen-Sonntagmorgen-home-made-Blueberry-Pancakes-gibt ist eher Detroit. Und das ist eines der Probleme, die Tesla hat.

Hier kippt die Sprache – jetzt wird nur
noch Spanisch gesprochen: Llamadas,
Raquetes. An jeder Ecke eine NYPD
Security Camera.

GRATIS
DOS DIAS
SOAP
RYDAY

DYCKMAN STREET STATION

Ein Mann mit einer Lederjacke verlässt die Station. Es ist keine der Lederjacken, die man in downtown zu sehen bekommt, eher ein dickes, enthaartes Fell. Nach allem, was wir wissen, warf sich schon der Steinzeitmensch, wenn er auf Reisen ging, ein Fell über. Dass er dieses Fell irgendwann von den Haaren befreite, ist verständlich, denn gerade beim Jagen ähnelt der Mensch im Fell unter Umständen auf eine verhängnisvolle Weise dem Beutetier, dem man das wärmende Fell nach der letzten Runde über die Ohren gezogen hatte, was zu dummen Verwechslungen führen kann.

Irgendwann zogen Legionäre und Ritter jedenfalls in Lederornat und Wildlederbrigantinen ins Feld, und seitdem gilt die Lederjacke als Pflichtkleidungsstück für alle, die auf Reisen gehen, weswegen man dem in der Stadt auftauchenden Lederjackenträger seit dem Mittelalter zugute hält, dass er etwas Abenteuerliches, Großes und Grundlegendes vor oder hinter sich hat.

In der Moderne sind Lederjackenträger vor allem Cowboys, Motorradfahrer und Flieger, Helden des Unzivilisierten und des Gegenwinds, wie Marlon Brando in seiner Perfecto-Jacke. Auch der griechische Finanzminister Varoufakis trug, als er in Brüssel aus einem älteren BMW sprang, um zu verkünden, dass sein Land sich weigere, mit der Troika zu kooperieren, eine Lederjacke. Aber was für eine? Hier muss man genau hinsehen. Denn es gibt zwei Typen von Lederjacken, beide haben unterschiedliche Zwecke und Botschaften.

Auf der Fleischseite der Stadt, an ihren Peripherien, hält sich der Hang zum Weiten, Schweren, Schulterpolsterig-Dicken, auch weil es den Körper gnädig versteckt, während sich in den Zentren fast aller Städte der Welt der unbarmherzig schmale, körperbetonte Schnitt als Goldstandard des Gutangezogenseins durchgesetzt hat. Lederjacken und Anzüge können, müssen dort so aussehen, als seien sie auf den wohlgeformten Yogaworkoutkörper aufgemalt, während die Peripherie auf der Tatsache zu beharren scheint, dass anziehen verhüllen bedeutet. Je näher man der Endstation einer U-Bahn-Linie kommt, desto höher wachsen auch die Kragen der Lederjacken, als wollten sie ihren vom Leben gebeutelten Insassen von der feindlichen Welt abschirmen. Die Lederjacke ist hier tatsächlich Schutzkleidung. Eine solche dicke, weite Lederjacke, eine mantelhafte Jurte, ein Lederzelt, trug auch Yanis Varoufakis in Brüssel: Solche Jacken zieht an, wer befürchtet, bald draußen schlafen zu müssen.

Unten, am Fuß des Hügels, sieht es wieder aus wie an einem ganz anderen Ort der Welt – man kommt in ein flach bebautes Straßendorf, hinten türmen sich Bäume auf wie Gewitterwolken, über ihnen erscheint ein mittelalterlicher Turm: Dort liegt The Cloisters, die Dependance des Metropolitan Museum of Art für mittelalterliche Kunst, das 1934 im Stil eines alten Klosters errichtet wurde.

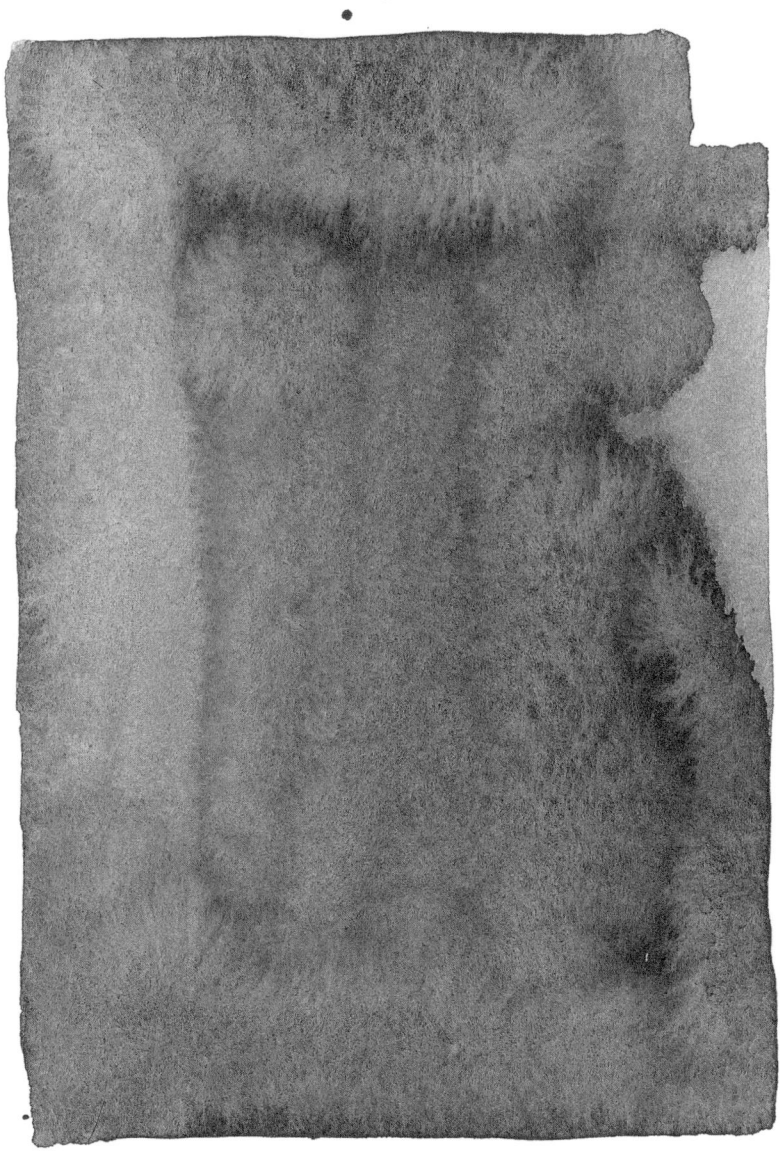

DYCKMAN STREET

An der Tankstelle steht der sehr dünne Shun, 26, mit seinem neuen Wagen, einem Mitsubishi Lancer Evolution, der im Neonlicht der Tankstelle glänzt, goldene Speichenfelgen mit optimiertem Sturz, dickes Endrohr, hinten natürlich abgedunkelt, auf dem Kofferraumdeckel eine sehr große Tragfläche – Shun öffnet vorsichtig, wie ein Chirurg, der einen nicht ganz unkomplizierten Eingriff vorbereitet, den Tankdeckel, der wie immer bei japanischen Autos auf der linken Seite ist, und führt dann mit allergrößter Vorsicht, um Lackschäden zu vermeiden, den Tankstutzen ein. Es ist sein Wagen, aber auf dem Fahrersitz sitzt – Hi! – Cathy, turbulente Frisur, gelb lackierte Fingernägel, Lederstiefel mit Strass, Mitarbeiterin eines Nagelstudios in Chinatown, und spielt an den Reglern der Anlage herum. Kompliment, toller Wagen. – Thanks man. – Gute Felgen. – Yeah man. –Und ist ein echter Fünfsitzer, passen drei Kinder rein.

Daumen hoch, die kurze, verschwörerische Verbündung der Petrol Heads beim Tanken. Have fun. – Take care. Auf der Windschutzscheibe ein feiner Sprühregenfilm.

Ein paar hundert Meter weiter parkt einer mit einem Ford Explorer am Straßenrand und verkauft den auf dem Gehweg ausgebreiteten Inhalt einer aufgelösten Wohnung: ein Gemälde, das einen Tiger in einer Höhle darstellt, einen Raumbelüfter, das Bild einer im Abendlicht brechenden Welle, 15 Wein- und Champagnergläser, eine Vase mit Trockenblumenstrauß, einen sehr alten CD-Player, die weißen Porzellanfiguren einer Frau und eines Mannes, die beide eine kleine Messingfassung für eine Glühbirne tragen: Was ergibt all das zusammengerechnet für ein Leben? Man kann den Verkäufer nicht fragen, denn er ist nirgendwo zu entdecken.

Ein Laden wirbt mit dem Slogan »More Data, more Value – 10 GB per line«. Daneben das braune Gebäude von »Planet Fitness«, an der Wand eine Werbung für Skin Tightening (auf Englisch) und Tratamiento Anti-Cellulitis. Abschreckende Fotos wie auf Zigarettenpackungen.

SEAMAN AVENUE

Das nördlichste Hotel von Manhattan sei das Beysicair Hotel, heißt es auf booking.com. Dort gibt es auch ein Foto des Hotels und eine Telefonnummer und eine Adresse. Wenn man buchen will, heißt es bei jedem Datum, das man eingibt, das Hotel sei an diesem Tag ausgebucht; wenn man anruft, nimmt niemand ab, und wenn man, was wir aus Neugierde taten, dort vorbeigeht, gibt es kein Schild, keine Klingel, und kein Nachbar hat je etwas davon gehört: ein Geisterhotel.

INWOOD HILL I

Das Haus 20 Seaman Avenue ist ein ganz normales Mietshaus aus den dreißiger Jahren, gelbe, schmucklose Backsteine, weißer Mosaikboden im Foyer, wo ein paar tropische Pflanzen in Töpfen und, wie stumme Wärter, zwei Schirmlampen im Eingang stehen. Hier wohnt Hannah Saunders, aus Baltimore, sie unterrichtet Food Justice an der Columbia University, sie ist wegen ihres Kindes nach Inwood Hill gezogen, damit das Kind im Park spielen kann, der eher ein Wald ist. Sie war einmal in Berlin, als Au-pair.

Hier leben – im Souterrain, wo die Zentralheizung und die Waschmaschinen der Marke Hercules Maytag stehen, Barbara Gross und ihr Mann, der der Hausmeister des Gebäudes ist und aus Österreich stammt. An den Kellerwänden kleben Fotos von Maine im Herbst, über den Müllsäcken hängen symbolistische Gemälde und eine Reproduktion von Klimts *Kuss*.

Hier lebt Tony Loftus, ein freundlicher Herr mit einem weißen Kinnbart, der sich auf Krücken fortbewegt. Er lebt hier schon immer – er wurde 1948 in diesem Haus geboren. Das war, sagt Loftus, damals ein besseres Viertel hier, wir hatten einen Doorman. Sie lebten in einer Zweizimmerwohnung, die 60 Dollar im Monat kostete, zu fünft.

Er hatte einen Bruder, der bei einem Autounfall, und eine Schwester, die an Brustkrebs gestorben ist.

Sein Vater kam aus Pennsylvania, er war der Sohn eines Bergarbeiters mit irischen, deutschen und italienischen Wurzeln, nach Italien ist er einmal gefahren in den achtziger Jahren, nach Sorrent, mit seiner Frau. Jetzt sind sie schon lange getrennt.

Sein Vater arbeitete in einem Supermarkt an der Avenue D.

Sein Vater ging, am Wochenende, fischen am Hudson River und im Park, da kamen die Kinder manchmal mit. Im Sommer fuhren sie nach New Rochelle.

Er angelte Aale und Flundern.

Tony wurde Grundschullehrer in der Bronx, die Kinder waren alle nett, sagt er, da gab's keine Probleme, eher hier in Inwood – das war lower middle class, es gab damals viel mehr Kinder im Haus.

Sein Vater fuhr einen Packard. Später schenkte er Tony seinen alten Rambler, Tony fuhr damit zum Skifahren. Er lernte in den Bergen seine Frau kennen, das war 1976.

Damals war das Viertel sehr viel gefährlicher.

Erst waren die Puertoricaner gekommen.

Dann die Kubaner.

Dann die Leute aus der Dominikanischen Republik.

Irgendwann galt Inwood Hill als *Drug Center of the World*, und die Stadt tat nichts, sagt Tony, aber dann kam Giuliani und ließ die Academy Street sperren, und es kamen nur noch die Anwohner hinein, sodass die Drogenhändler aus New Jersey ausgesperrt wurden, und wenn die Polizei sie beim Dealen erwischte, kassierte sie ihre teuren Autos ein, und deshalb kamen sie nicht mehr.

Nach der Trennung zog er in die Wohnung seiner Mutter. Das Restaurant »Capitol« auf dem Broadway, in das sie ihn, als er ein Kind war, manchmal mittags nach der Schule mitnahm, gibt es heute noch, auch die roten Drehstühle, auf denen sie saßen; nichts dort hat sich verändert.

Früher ging er in die Oper, ins Konzert – jetzt nicht mehr.

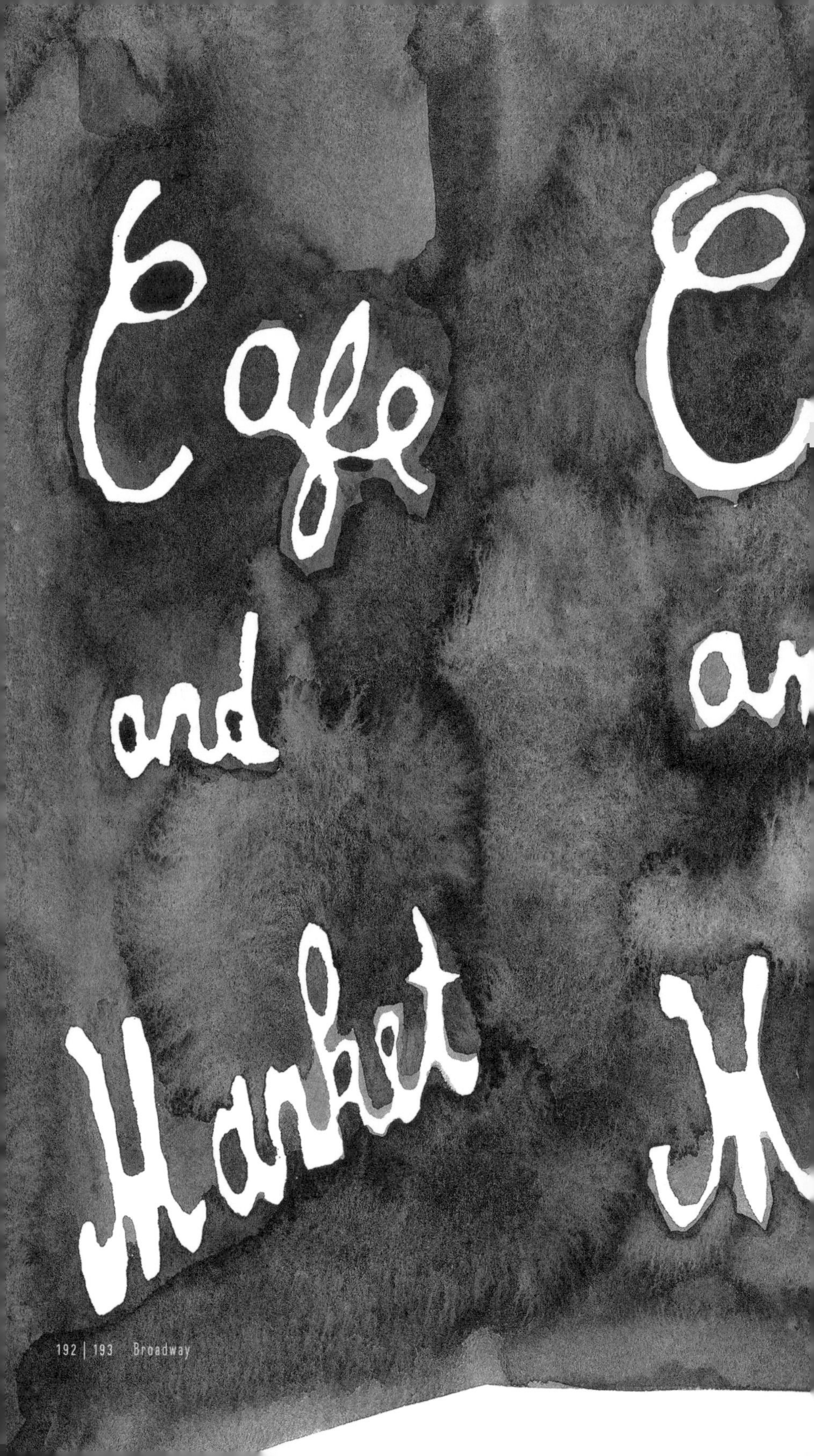
Cafe
and
Market

afe

d

arket

Das alte »Capitol« wurde nie renoviert, es hat noch den ausgeblichenen roten Schriftzug, der 1930 modern war, und die Barhocker, die mit rotem Kunstleder bezogen sind – alles Streamline Design. Die neuen Cafés wollen aussehen wie uralte Scheunen: Naturholz, matte Spiegel. Die Vergangenheit schaute in die Zukunft, die Gegenwart versucht, älter auszusehen als die echte alte Welt nebenan.

Der Barkeeper, ein Grieche, zeigt alte Fotos aus den vierziger Jahren: die gleiche Straßenecke, eine Trambahn auf dem Broadway, Linie 200, die Frauen tragen taillierte Kostüme und ondulierte Haare, man sieht ein Schild, das heute nicht mehr da ist: »Shoes repaired while you wait«. Dann noch ältere Bilder: Autos, die aussehen wie Kutschen, Männer mit Borsalinos, das »Capitol« sieht schon damals aus wie heute, Bilder vom Straßenbahnbau, einem offenbar heißen Sommertag (der Mann auf dem Bild hat sein Sakko ausgezogen, es ist, wie eine handschriftliche Notiz vermerkt, der 17. Juli 1928, der Tag, an dem der mexikanische Präsident Álvaro Obregón ermordet wurde).

Frage angesichts der Fotos, auf denen man so viel wiedererkennt, wie sich ein Sommertag des Jahres 1959, des Jahres 1928 angefühlt hat; ob er anders roch, ob das Essen anders schmeckte, ob der Körper im rauen Baumwollhemd, unter dem Borsalino oder im Acrylhemd, an Bord eines Sportcoupés mit Kunstledersitzen und Bakelitlenkrad, in dessen Radio Elvis läuft, sich nicht ganz anders anfühlte als heute, wo es all diese Stoffe und Materialien nicht mehr gibt.

Jetzt läuft in der Bar Musik von Cat Power. Hinten rechts an der Bar sitzt ein alter Mann mit einem Bier, er trägt eine Halskette, an der ein kirschförmiges Medaillon hängt. Er erzählt, dass es ihm seine Tochter im Sommer 1967 geschenkt hat. Er trägt sie seitdem jeden Tag, im Restaurant, bei der Arbeit, nachts. Einmal verlor er sie im Schwimmbad, und obwohl er nach ihr tauchte, bis ihm schwindlig wurde, konnte er sie nicht mehr finden. In den Wochen danach wurde er schwer krank, und es wurde erst besser, als die Kette bei Reparaturarbeiten an der Filteranlage des Schwimmbads gefunden wurde. Ihr Kinderzimmer, sagt er, haben sie so gelassen, wie es war, als sie auszog.

Zum ersten Mal hörte ich Cat Power in einem Laden in Soho im Sommer 2000. Es war der Sommer, in dem in Manhattan das West-Nil-Virus grassierte, ein Virus, das von infizierten Mücken übertragen wird und einige Todesopfer gefordert hatte, weswegen die Stadtverwaltung und der Seuchenschutz in den Zeitungen die Fahrtrouten der Fahrzeuge veröffentlichten, die nachts und frühmorgens durch die Straßen fuhren und große Mengen an Mückengift versprühten. Über der Stadt lag eine dunkle Beunruhigung damals, ein Jahr vor den Anschlägen wurde schon spekuliert, ob die Ausbreitung des Virus ein Anschlag sein könnte. Ich hatte A. und G. begleitet, die einkaufen wollten, G. suchte ein Kleid für seine Freundin, und da er exakt den gleichen Körperbau wie seine Freundin hatte, konnte er das Kleid gleich selbst anprobieren. So saß ich mit A. und studierte die neueste *west nile spraying schedule* (heute Nacht besser nicht in Milano's Bar, jedenfalls nicht um Mitternacht), während G. unter den Augen des vollkommen gelassenen, geradezu buddhistisch gleichmütigen Verkäufers ein Kleid nach dem anderen anprobierte, aus dessen Ausschnitt sich seine Brustbehaarung in unterhaltsamen Kringeln herausringelte.

In diesem Laden spielten sie Cat Powers Coverversion von Mick Jaggers *Satisfaction*, die so schön und verlassen und dunkel klang, als käme Chan Marshalls Stimme aus der Einsamkeit eines Mondkraters zu uns – nur eine Akustikgitarre und eine dunkle, etwas ramponierte, in ihrer Ramponiertheit umso ergreifendere Stimme, und wenn man sich später fragen wird, wie das Jahrzehnt um die Jahrtausendwende überhaupt klang, muss man vielleicht sagen, so wie die Stimme von Chan Marshall.

INWOOD HILL III

Ein kreuzförmiges Überbleibsel zweier Stahlträger des zusammengebrochenen World Trade Center steht als Mahnmal vor der Church of the Good Shepherd. Ein schwacher Trost, dass das Inferno wenigstens christliche Symbole ausgespuckt hat.

204TH STREET

Ein Zeitloch: Hier gibt es, zwischen Chinarestaurants und Tankstellen, ein kleines weißes Holzhaus mit einem großen Garten, das sich das Dach wie eine Schirmmütze in die Stirn gezogen hat. Es ist das älteste Bauernhaus Manhattans: das Dyckman Farmhouse, erbaut 1783 – in dem Jahr, in dem die deutsche Astronomin Caroline Herschel einen offenen Sternenhaufen im Sternbild Kassiopeia entdeckt, den NGC 381, in dem in Speyer die *Pomona* erscheint, die erste Frauenzeitschrift der Aufklärung, die von einer Frau, Sophie von La Roche, geleitet wird, und von der Katharina die Große 500 Stück für die Damen ihres Hofs bestellt; als in Island 130 Vulkankrater 15 Quadratkilometer Lava in die Luft schleudern und die Schwefeldioxidwolken zu einem der härtesten Winter der Geschichte führen; als der gesamte Long Island Sound und der Hafen von New York zufroren, als Mozart in Wien die Haffner-Sinfonie komponiert und in Massachusetts zum ersten Mal aufgrund eines Gesetzes und mit Verweis auf das »natürliche Recht und das angeborene Verlangen nach Freiheit (ohne Rücksicht auf Farbe, Aussehen oder Nasenform)« ein Sklave in die Freiheit entlassen und für Körperverletzungen entschädigt wird; als, nachdem Ludwig XVI. den Amerikanern 11 000 Soldaten und Waffen geschickt hat, England in die Knie gezwungen und in Paris die Unabhängigkeit Amerikas von Großbritannien unterzeichnet werden kann, ein Ereig-

nis, das Benjamin West als Historien-
gemälde festhalten will, was aber nicht
vollendet werden kann, weil sich der
britische Abgeordnete weigert, Modell
zu sitzen – in diesem seltsamen Jahr
also baut Dyckman sich ein kleines weißes Farmhaus mitten ins freie Land an
der Nordspitze Manhattans. Und dort
steht es immer noch.

1916 wurde das Dyckman House von
den Erbinnen Mary Alice Dyckman
Dean und Fannie Fredericka Dyckman
Welch als Museum für die holländische
Kolonialzeit wiedereröffnet.
Es ist die Zeit, in der Amerika seine Vergangenheit musealisiert und sich seine
Nationalmythen baut: Im Kino kommt
das Genre des Westerns auf, der als Hel-
denepos erzählt, was die Großeltern-
generation auf dem Zug nach Westen
noch selbst erlebt hatte. Die neuen Reichen des urbanisierten Los Angeles
beginnen, sich Land in der Wüste von
Palm Springs zu kaufen, wohin sie am
Wochenende mit ihren Autos fahren,
um dort in einfachen Hütten mit Camp-
fire und Ausritten in die leere Wüste das
abenteuerliche Leben nachzuspielen,
das sie nur vom Hörensagen kennen.
Noch in den berühmten modernisti-
schen Bungalows der fünfziger Jahre
finden sich Spuren dieses Reenact-
ments: Der Pool ist die Abstraktion der
Tränke, der Ford Mustang der Nach-
folger des Pferds, der offene Kamin, von
dem aus man die steinige Wüste, die
Kakteen und die Berge sieht, das moderne Lagerfeuer.

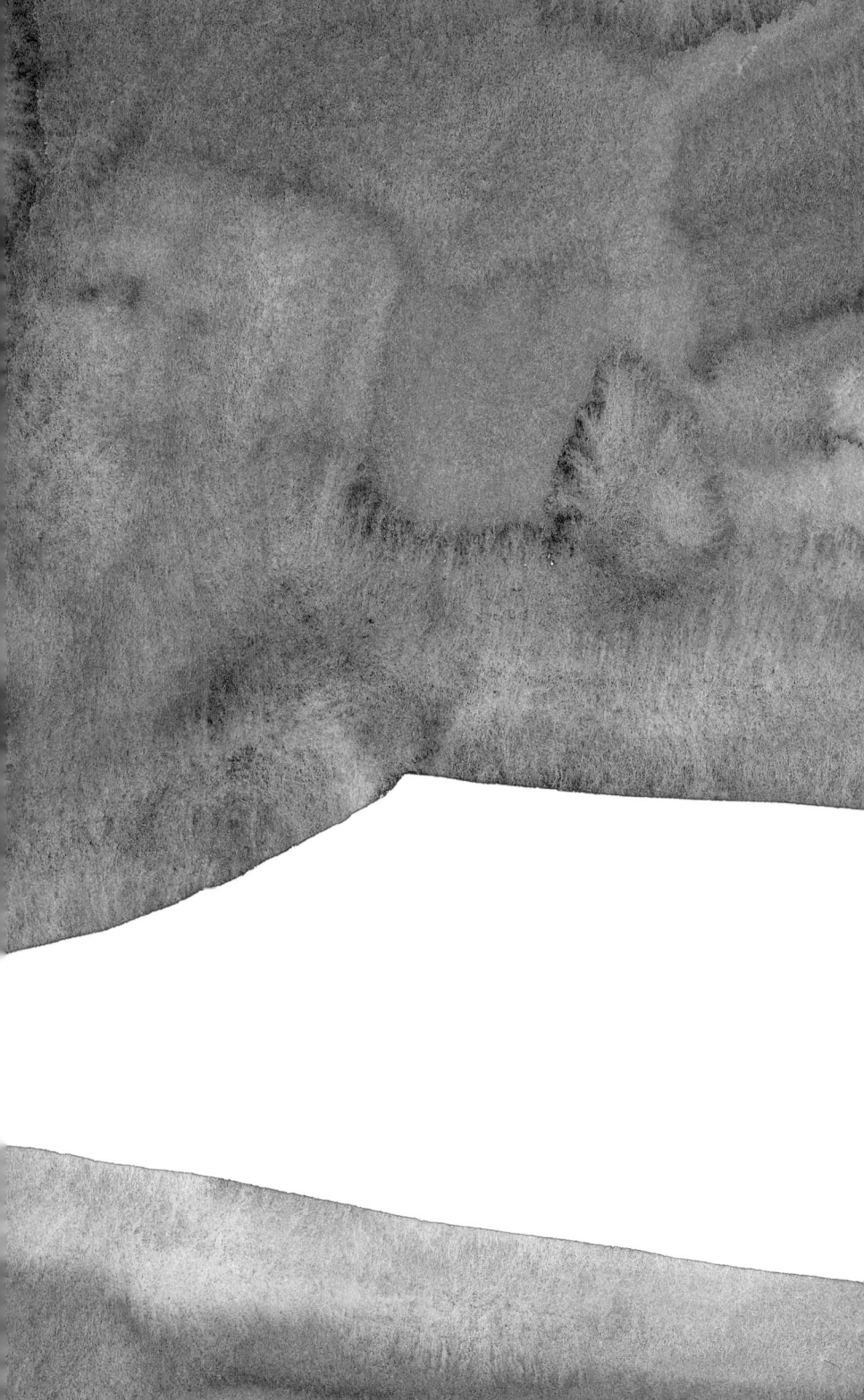

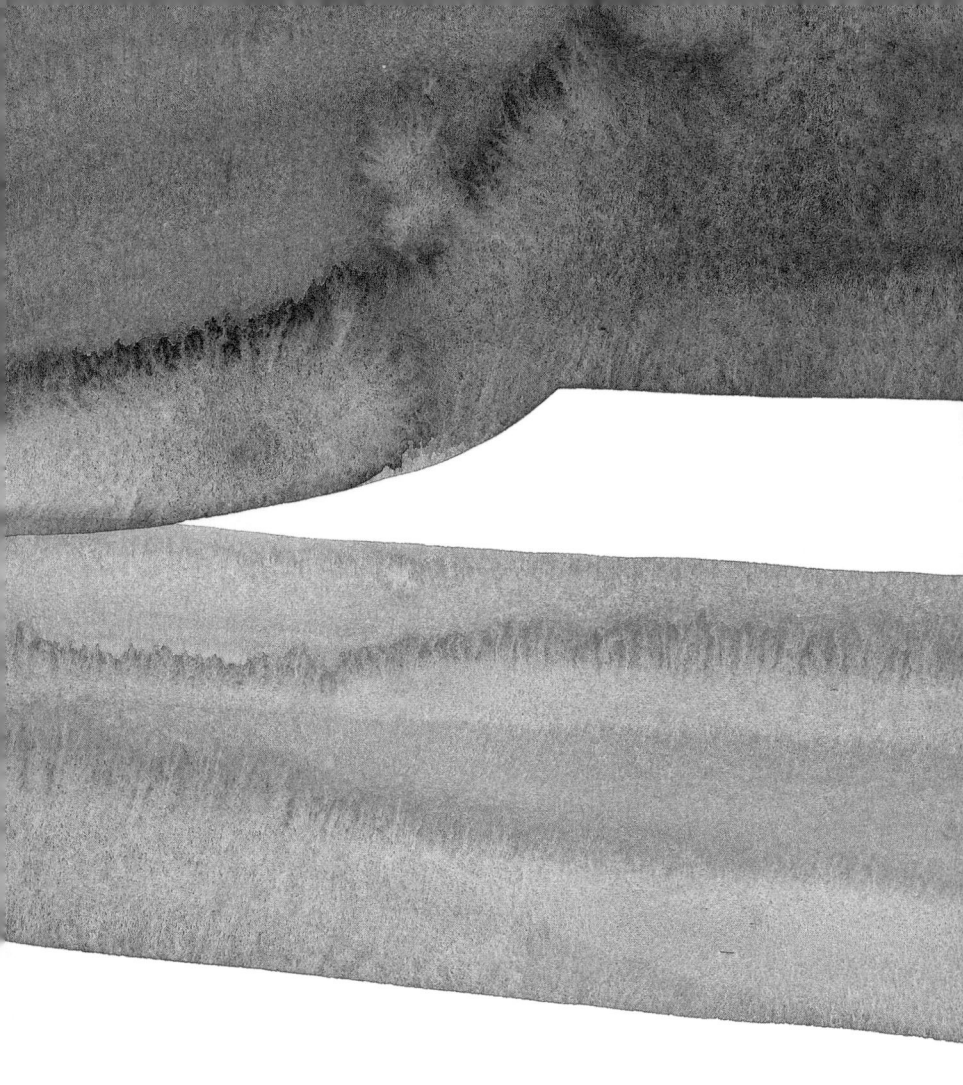

WEST 208TH STREET

Dasitzen und aufs Baseballfeld schauen.
Männer mit großen Nummern auf großen Rücken. Einer ist an den Armen
tätowiert mit Mustern und Pflanzen-
motiven, die Tattoos erinnern an die
blauen Malereien auf einem Meissener
Porzellanteller.

Oben an der Straße ein türkisfarbener
Eiswagen.
– Which one do you want?
– Krokant.

218TH STREET

Die Grenzen von Manhattan verändern
sich. Früher verlief die Pearl Street im
Süden am Ostufer Manhattans, aber
wegen der Landauffüllung wanderte sie
300 Meter ins Landesinnere hinein.
Als am Nordende von Manhattan der
Harlem River mit dem Spuyten Duyvil
Creek verbunden und kanalisiert wurde, brach man durch die 222nd und die
223rd Street durch und stellte eine
künstliche Insel her. Zwischen ihr und
der Bronx füllte man 1914 den Schutt
aus der Baugrube der Grand Central
Station ein, sodass der ehemalige Teil
von Manhattan ein Teil der Bronx wurde und ab sofort physisch auf der anderen Seite des Flusses lag, obwohl er
rechtlich immer noch zu Manhattan
gehört.

INDIAN ROAD

Von hier aus sind es 21 Kilometer bis zur Südspitze der Insel. Hier ist die Stadt zu Ende.

WEST 218TH STREET | MUSCOTA MARSH

Hier liegen die Salzmarschen. Bei Ebbe stochern die Möwen durch den Schlick und die Schneegänse, die Reiher sitzen auf den Wiesen. Da steht das alte weiße Bootshaus, ein Schild »Peligro – No se permite Nadar / tirarse de cabeza«. Die Geschichte bohrt sich an die Oberflä-che: Hier trafen sich die Lenape-Indianer und feierten ihre Rituale und aßen Austern, wovon die vielen Schalen im Boden zeugen, manchmal reißt das Wasser den Boden auf, dann erscheinen sie, hell und weiß wie alte Knochen. Da ist der Fluss, Name: Spuyten Duyvil Creek. Er trennt Manhattan von der Bronx, er verbindet den Hudson River mit dem Harlem River. Früher floss er weiter nördlich, hinter dem Marble Hill, der damals noch zu Manhattan gehörte. Die Tide war stark hier, deswegen gingen die holländischen Bauern hier bei

Ebbe durchs Wasser, um das Geld für die Fähre an der 125th Street zu sparen. Frederick Philipse ließ daraufhin im Jahr 1639 die King's Bridge genau an dieser seichten Stelle über den Spuyten Duyvil Creek bauen und erhob Brückenzoll: Sogar damals stand hinter der Veränderung der Topografie schon der Wunsch, so viel Geld wie möglich zu machen.

Wo die Gentrifizierung angekommen ist, erkennt man an der Menge der Zettel, die für Yogakurse werben. Auf dem oberen Ende des Broadways, an der 204th Street, verläuft der Yoga-Äquator in der Mitte der Straße. Ein neues Café, ausgestattet mit edlen Industrielampen, bietet »bread and Yoga«, alles ist aus rauem Holz, die Preise mit Kreide auf die Schiefertafeln geschrieben, es wird *I walk the line* von Johnny Cash und *Hey Joe* in der überbelichtet hingehauchten Version von Charlotte Gainsbourg gespielt.

Im Inwood Hill Park reißt der Wind an den hohen Baumkronen. Es ist kein Park, sondern der letzte Überrest der Wälder, in denen damals die Indianer lebten, das Reservat des Unbegradigten. Im 19. Jahrhundert, das das Jahrhundert der Geistergeschichten war (nie wurden so viele Erscheinungen berichtet wie im 19. Jahrhundert), wurden immer wieder Geschichten über die Geister von Inwood Hill erzählt.

Jemand wollte unter einer gewaltigen Buche im Herzen des Waldes dem Geist von Anthony Van Corlear begegnet sein, dem Wachmann von Peter Stuyvesant, der hier ertrank, als er seine

Kameraden vor dem Anmarsch der britischen Truppen warnen wollte. Andere wollen bemerkt haben, dass die Geister der vertriebenen Lenape-Indianer in den schäbigen Hütten und Bootshäusern des Slums auftauchten, der hier in den zwanziger Jahren entstanden war und über den die Reporterin Eleanor Booth Simmons 1921 in der *New York Tribune* schrieb, allerdings ohne einen Geist zu finden (Geister mögen renovierte Häuser nicht, schrieb Simmons).

An der Stelle, wo sich heute der Park befindet, soll der niederländische Seefahrer Peter Minuit 1626 die Insel Manhattan für 60 Gulden von den Lenape-Indianern gekauft haben, die, wenn das stimmt, offenbar eher hier oben saßen als unten, in den tieferen Gebieten, die vom Wasser oft überschwemmt wurden. Ab 1915 kaufte die Stadt Stück für Stück das Land hier, jetzt ist das Gebiet ein 80 Hektar großer, hügeliger, bewaldeter Park, der letzte natürliche Wald auf Manhattan.

An der Südgrenze des Parks kommt es zu seismologisch nachweisbaren Spannungen, hier liegt der aktive Dyckman Street Fault, der 1989 ein Erdbeben der Stärke 2 ausgelöst hat. Hier ist alles sehr alt: Hier rauschen ein Bach und der Wald, hier liegt einer der Gletschertöpfe, die in der Eiszeit entstanden, als das Schmelzwasser durch die Gletscherspalten hinunterwirbelte, mit Fließgeschwindigkeiten von bis zu 200 km/h, und der mitgeführte Sand und die Kiespartikel die Felsen aushöhlten.

Ganz oben, hinter einem alten Bootshaus, zu dem man kommt, wenn man
durch das hohe Gras zum Fluss hinun-
tergeht, steht das Clubhaus des Dick-Sa-
vitt-Tennisvereins der Columbia University. Es sieht aus, als hätten es schwe-
dische Architekten in den sechziger
Jahren gebaut – ein weißgestrichener
Backsteinbau mit freundlichen Kurven,
in denen sich die Echos des zuversicht-
lichen Moon Age fangen.

Ein Mann, der die mit Sicherheit größte
Brille von ganz Manhattan und den
schönen Namen Gaurav Misra trägt,
erklärt, dass der Architekt Mojica heiße,
heute leider vergessen, er habe den Bau
Ende der sechziger Jahre entworfen.
Oder war es Anfang der siebziger? Man
stellt sich sofort vor, wie zur Einwei-
hung Frauen mit weißen Tennisröcken
und hochgeklappten Polohemdkragen
und Joan-Baez-Frisuren und Männer
mit schulterlangen Haaren und kurzen
weißen Turnhosen kamen und ihre
Tennisschläger aus Kofferräumen holten und ihr Käfer-Cabrio auf der Schrä-
ge am Fluss parkten und über Richard
Nixon und das neue Buch von Philip
Roth und vielleicht auch über Marshall
McLuhans diverse Theorien diskutier-
ten, bevor sie sich abends im Kino
downtown den neuen Woody-Allen-
Film anschauten; eine Annie-Hall-
Welt.

Gegenüber, auf der anderen Seite des Flusses, hat man ein riesiges weißes C – für Columbia University – auf die Felswand gemalt. Es sieht andererseits auch wie ein Halbmond aus und könnte auch eine Anspielung auf die »Half Moon« sein, den Dreimaster, mit dem Henry Hudson hier 1609 ankerte. Hoch oben über dem Fluss donnern die Autos auf der Henry Hudson Bridge nach Norden, unten heult der Amtrak durch einen Tunnel. Dann ist es wieder still. Es ist Ebbe. Ein paar Möwen waten durch den Schlick. Es geht kein Wind.

DER ABEND ÜBER DER STADT

Wir gingen bis zur Subway 1 an der 215th Street. Die Sonne verschwand, und für ein paar Minuten glühte die Stadt noch einmal auf. Dann wurde es dunkel, und über dem Harlem River gingen die Lichter an.

Vom Edge Hotel, das auf den Hügeln an der 168th Street steht, schaut man über die geteerten Flachdächer der alten Häuser nach Süden auf die Skyline von Manhattan. Von hier sieht man den Freedom Tower nicht. Über dem Bett hängt abstrakte Kunst: ein Muster aus bunten Dreiecken. Der Fahrstuhl ist defekt: Dort blinkt nur, wie ein Morsezeichen, das L für Lobby.

Vom Hotelzimmer aus sah man, wie der Dunst dunkler wurde und das Funkeln der Stadt stärker, und man sah die schmale Stange von 432 Park Avenue.

Gary Greengrass war jetzt bei seinem Sohn. Die abgebrannte St.-Sava-Kirche stand schwarz hinter den Lichtschauern des Broadways. Weit unten in der 9th Street lag auf L.s Fensterbrett ein Fahrradhelm, den irgendwer in Frankreich

an einem warmen, trockenen Tag im Mai des Jahres 1927 getragen hatte. Jo Sferrazza fuhr durch den Holland Tunnel nach Hause zu seiner Frau. Emily Hass rief ihre Freundin A. an, die in Berlin lebt. Tony Loftus saß am Fenster in der Seaman Avenue und dachte an seine Schüler und seine Frau und wie sie sich kennenlernten, als Jimmy Carter Präsident war. Ein junger Mann saß in einem Ayahuasca-Camp, um seinen Freund zu retten. Jon Girodes saß in seinem Mercedes und hatte keine Ahnung, dass er bald verhaftet werden würde. Im Trump Tower an der 5th Avenue ging Barron Trump noch nicht ins Bett. Cat Power sang, dass der Mond nicht nur schön, sondern auch sehr weit weg ist, *The moon is not only beautiful / It is so far away.* Die Nachrichten melden, dass die National Rifle Association Donald Trump unterstützt. Der Secret Service erschießt einen bewaffneten Mann in der Nähe des Weißen Hauses. Mexiko liefert den Drogenboss El Chapo an die Vereinigten Staaten aus. Der Mond, heißt es in den Nachrichten, scheint in dieser Nacht über Manhattan so hell wie seit 2003 nicht mehr.

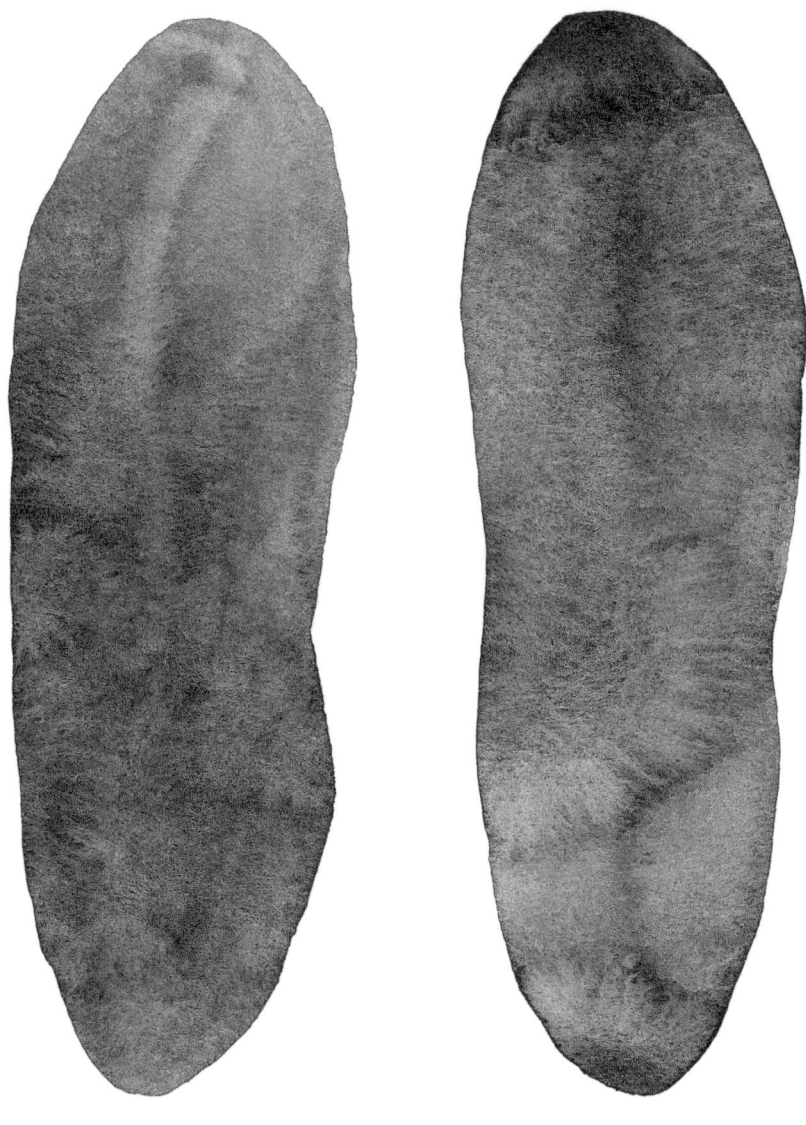

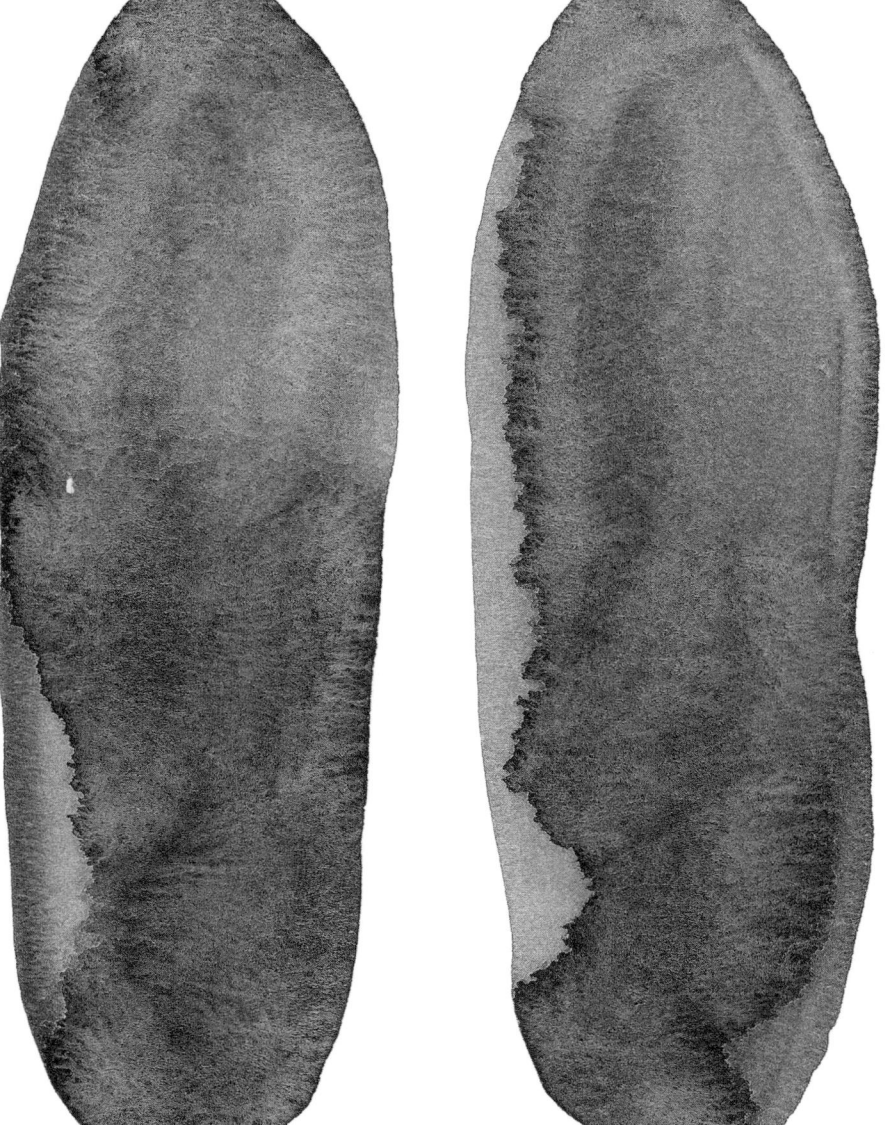

INHALT

LEANNE SHAPTON,
1973 in Toronto geboren, ist Künstlerin,
Autorin, Illustratorin und Verlegerin.
Sie arbeitet frei für die *New York Times*
und ist Mitbegründerin von J&L Books,
einem Non-Profit-Verlag, der sich auf
neue Fotografie, Kunst und Literatur
spezialisiert hat. 2012 erhielt sie den
National Book Critics Circle Award.

In deutscher Übersetzung sind erschie-
nen: *Bedeutende Objekte und persön-
liche Besitzstücke aus der Sammlung von
Lenore Doolan und Harold Morris,
darunter Bücher, Mode und Schmuck*
(Berlin Verlag, 2010), *Bahnen ziehen*
(Suhrkamp, 2012), *Frauen und Kleider*
(S. Fischer, 2015).

NIKLAS MAAK, 1972 in Hamburg geboren ist Redakteur im Feuilleton der *Frankfurter Allgemeinen Zeitung* für Kunst und Architektur. Daneben unterrichtete er als Gastprofessor für Architekturgeschichte an der Städelschule in Frankfurt am Main und in Harvard. Für seine Arbeit erhielt er den George-F.-Kennan-Preis, 2012 den Henri-Nannen-Preis, 2014 den COR-Preis und 2015 den BDA-Preis für Architekturkritik.

Im Carl Hanser Verlag sind erschienen: *Der Architekt am Strand* (2010), *Fahrtenbuch. Roman eines Autos* (2011), *Wohnkomplex. Warum wir andere Häuser brauchen* (2014) und *Atlas der seltsamen Häuser und ihrer Bewohner* (2016).

1. Auflage 2017

ISBN 978-3-446-25666-8
© Carl Hanser Verlag München 2017
Karte: Peter Palm, Berlin
Umschlag: Peter-Andreas Hassiepen, München
Illustration und Lettering: Leanne Shapton
Satz und Gestaltung: Stefanie Schelleis, München
Litho: Fotosatz Amann, Memmingen
Druck und Bindung: CPI books GmbH, Leck
Printed in Germany

MIX
Papier aus verantwortungs-
vollen Quellen
FSC® C083411

FSC
www.fsc.org